日本政治 ひざ打ち問答

御厨 貴
芹川洋一

日経プレミアシリーズ

まえがき

御厨　貴

20代、30代の若者世代にとって、「政治」は無関心というより、嫌悪の対象になりつつある。いや、最近の若い衆は性根はやさしいから、ツイッターやインターネットの世界ではいざ知らず、直接面とむかっては「政治」が嫌いとは言わない。しかしどことなく「政治」とは疎遠にしておきたい、「政治」って何となくイヤなものと思いこんでいるのではないか。20代の大学生と授業でつきあっていると、その感を抱かざるをえない。本当にニコニコと楽しそうに、こちらの話を聞いているのにと思う。

「無関心」よりいいじゃないか、とにかく「政治」と距離をとるのは、「政治」をどこかで気にかけているわけだからさ、議論していけば変わるぜ。こんなことを、同業の「政治学」教師たちは宣う。50代から上の同業者の多くは、諦観の入り交じった楽観論である。

そうかなと私はかなり懐疑的でいる。論理できちんと説明すればとか、歴史を豊富な文脈で語ればとか、ありていに言えば、相手の無知を、知識量でカバーするようなやり方で彼等が腑に落ちるとは到底思えないのだ。量の問題でないとしたら、いったいどうしたらいいのか。もしかしたら、「政治」を多方面から捉え、こっちにもあっちにも「政治」はあるのだよとばかり、汎政治的な見方で語るしかないのかもしれない。そのためには「政治」を表現するツールも多様な方がいいだろう。

こんなことをツラツラ思っている矢先、久しぶりに芹川洋一と出会うチャンスがあった。それは大人むけの「日本政治」の講座であった。二人でおしゃべりしているうちに、いつのまにか、こんな感じで「日本政治」をおもむくままに語り下ろしてみないかという話にまでなった。芹川も「日本政治」の今を解き明かしたい、どうもこのままでは誰もついてこないとの思いを深くしていたことが分かったからだ。

二人の出会いは、今を去ること40年前、１９７3年秋の東大法学部のゼミナールにおいてだ。新進気鋭の三谷太一郎先生の「日本政治外交史」ゼミである。選ばれし者10名。テーマは『「近衛新体制」の研究』で、テキストは出たばかりの同名の日本政治学会年報だった。

ゼミはイワオのように堅い固い感じ。三谷先生は足早にやってくると、にこりともせず、席につくやすぐに本番に入る。つけいるスキがないのだ。そんな若き三谷先生はとにかく怖かった。報告は事前に三谷先生に原稿を提出し、ゼミでは先生から容赦ない指弾をあびる。テキストの各論文の報告が一巡するや、二巡目は近衛新体制に関係ある政治家や知識人を一人選んで調べた上でまた報告。息つくヒマもない。

そんな中で、突然ゼミの終わりにはコンパをやろうとの三谷先生の提案があった。さすが芹川だ。ハイと手をあげ幹事役をひきうけた。しかし東京ではめずらしく雪のまう当日、ゼミの続きのようなコンパで一向に盛り上がらない。寒々しい雰囲気のまま、そろそろかという頃、芹川が意を決したかのようにすっくと立ち上がり、「歌います！」と宣言するや、皆に手拍子を強要し、何の歌だか忘れたが、とにかく歌をうたい、幹事としての役まわりを果たしたのだった。まことにエライ奴だ。しかし三谷先生は、摩訶不思議な光景を見たと言わんばかりの表情で、「キミはいつも歌うのですか？」と一言。一同ギャフンとなってお開きの一幕だ。

それから、芹川は新聞記者、私は大学研究者への道を進んだ。どういうわけか、「政治」が観察の対象であることはずっと同じだった。そしてあの三谷ゼミ以来40年がたち、片やジャーナリズム、こなたアカデミズムに身をおく立場から、何か「日本政治」を対象に共同作業ができないかということで、この本が出来上がった。還暦すぎた二人が、往事を思い出しつつ、語りあかした成果である。

だから全体の構成は、「政治学」のオーソドクスの体をなす。「政権論」「リーダー論」「政党論」「メディア論」「理想論」と、芹川が定めた目次は網羅的でもあり分かりやすい。その上で内容は二人の問答形式として、各章ともに常に今の「政治」の話から説きおこすようにした。そこには理論も歴史も整然と整理されたカタチでは存在しない。今の「政治」を語る中で、歴史はクロノジカルではなく、むしろ逆上《さかのぼ》るかたちで、今に近い方が詳しく、戦前期、明治期に戻っていくに従って大くくりとなる。あたかも大海原を見渡す岸辺から、水平線の彼方にむかってじっと目をこらす、そんな感覚で「日本政治」を捉えるように工夫している。

これは私の方針であった。具体的な名前や事象を語りつつも、それらが個別のレベルでの事例にとどまらず、中程度の抽象化をへて、応用可能なレベルにまで放射線状に広がっていくようにこころがけた。

私が最近の若い世代と話した経験から言うと、中曽根政権以前は、何であろうと明治維新に端を発する日本近代の歴史の水平線の彼方にあって、すべてが重なって見え、その実態への接近は、水先案内人がそれこそ飼い葉桶《おけ》まで無理矢理連れていったとしても、彼等の胸中にはストンと落ちない。だからこそポスト中曽根政権からの、今に連なる四半世紀をまずは確固とした「政治」として語らねばならない。その意味では、本書は古い手だれのオッサン二人が、「政治」へと誘うささやかな試みに他ならない。しかしオッサンの誼《よしみ》というものもあって、60代、70代の高齢世代には、「よう、ご同輩」とばかりに、「政治」の有様を納得してもらえる何かはある筈だ。

日本経済新聞出版社の野澤靖宏編集長をはじめとする周囲のとてつもない協力があって、本書は完成した。タイトルは「ひざ打ち問答」であって、断じて「ひざ詰め問答」ではない。そもそも対談は、石塚博久ＴＢＳプロデューサーら二人の面前で行われ、二人の「ひざ打ち」でトンと前へ進んでいった。読者諸兄姉が、本書の頁をくりながら「そうだ！　そうだったのか」と何回膝を打ってくれるのか、名付け親の芹川ともども楽しみだ。

本書は、40年前の三谷先生のゼミ指導が花開いたかどうか、いやまた三谷先生にとっては鼻白む光景を呼びおこすことになるのか、はなはだ心配である。それでも、ええい、ままよとばかりこの本を1973年の東大本郷のゼミに集った三谷先生と同志たちに、「お世話になりました」の一声と共に捧げたい。

2014年3月

目次

第二章 リーダー論 権力闘争を超えるには 69

第三章 政党論 それでも絶対に不可欠なもの 117

自民はイデオロギー党と利益党に分裂する
自民党長期政権が終わったのは、竹下政権が短すぎたから
民主党政権——失敗の教訓
「きれいな政党制」が現実にならない理由
それでも日本には政党政治しかあり得ない

第四章

メディア論

浅薄な言葉支配をどうする

日曜の朝、日本の政治は動いた
テレビの使い方を最初に意識した政治家は誰か
1対1の感性を理解しなければ、ネット政治は見えない
新聞の政治面は、「政局面」ではないかという批判
「政府首脳」「党首脳」が二枚舌を使いにくい時代
お金の話なくして、政治は語れない
「パイプが通じた」の本当の意味
政治学は人間と歴史から学ぶもの

・この対談は2014年1月に行われた

第一章

政権論

敵がいない組織は弱くなる

すぐに答えの出ない「経済」でスタートした安倍政権

芹川　まずは政権について語っていこうと思います。安倍（晋三）さんが政権の座に就いて1年以上たちました。御厨さんは安倍政権をどのように評価していますか。

御厨　当初はずいぶんと疑問符がつく政権でしたが――いまでもそれは完全に払拭されているわけではないですけれども――やはり1年たってみてうまかったなあと思うのは、1年では成果がはっきり出ない「経済」で戦ったということですね。

これが「政治」の問題であれば、すぐに黒白ついたりもするのですが、経済はすぐには結論が出ない。今年から始めて次の年、さらにその次の年という長期のタイムスパンで経済を良くすると言ったことに、意外性もありました。

これまでの総理大臣は、経済を政治課題の優先順位ナンバーワンに据えたことはほとんどないわけです。唯一あったとすれば、池田（勇人《はやと》）政権のときの高度成長くらいであって、その後の総理というのは、経済というのは放っておいても大丈夫だということで、経済は脇に見ながら政治の選択肢を迫ってきた。しかし、安倍さんはここで経済を中心に据えたんですね。

では、もともと安倍さんは経済が得意だったかというと、そんなことはない。かつて安倍さんや麻生（太郎・現副総理兼財務相）さんが自民党の総裁選で戦ったときなどは、麻生さん、「安倍がいちばん弱いのは経済だ」と言っていたわけだから。（笑）

だからと言って、経済に強いと自認していた麻生さんが、安倍さんにアドバイスしたというわけではなくて、安倍さん自身の政治的な勘だとは思いますが、経済を（中心課題に）選び、景気を良くすることを考えたんですね。

どこまで選択的であったかはわからないけれども、経済を選ぶことによって、「かなり右寄りのイデオロギー、あるいは国家的な価値を前面に押し出してくるだろう」という予想を見事に裏切ったんですね。

景気が良くなるという話には誰も反対しない。誰にとってもいい話だった。だから、「経済を良くして、元気を出しましょう」というところから始まったこの政権がテイクオフするときの抵抗は、きわめて少なかったということでしょうね。

しかも政権運営について、ある意味、小泉（純一郎・元首相）さんの手法を使ったなあと思うのは、敵とすべきターゲットを絞ったことです。つまり日本銀行総裁の任期があと3カ月に迫っていた白川（方明《まさあき》）さんにターゲットを絞ったんです。（安倍政権が掲げる大胆な金融緩和に異論を持っていた）白川さんが、はっきりものが言えない人だということもわかっていたので、そこを一気に攻めて、「イエス、オア、ノー」、つまり「我々についてくるのか、こないのか」と迫ったわけです。

そして最後には白川さんは白旗を掲げました。もともと、3カ月で総裁任期は終わるのがわかっていて、それをやったんですね。

ぼくはよく言うのですが、政権というのは最初の100日間が勝負。その間に何かをやったということを打ち出さないと、そのあとはぐずぐずとダメになっていく。

たとえば民主党の鳩山（由紀夫）政権について言えば、（2009年）9月に総理大臣になって、12月までに何ら成果を見せられなかった。これは非常に大きい。その段階でアメリカとの関係も沖縄の問題でミソをつけてしまった。

安倍さんの場合は、黒田（東彦《はるひこ》）という人を日銀総裁に据えて――黒田総裁がいいか悪いかは別として――そのことによってますます経済・金融が良くなるというイメージを与えた。

これは全部イメージ戦略です。

そして、そのイメージ戦略にみんなが乗ったわけです。賃金は上がらないけど……そんなことを言いながらも、でも何となく良くなったという感じを持ちました。

しかし、この1年間で良くなったという感じを持ったのは、はっきり言えば全部大企業ですよ。それも自動車産業のようなところがいちばんに潤った。

ぼくが名古屋の講演会に行けば、みんなアベノミクス万々歳です。「(円安の)おかげで自分たちの輸出も伸びるし、とにかく言うことない」なんですね。

ところが大阪に行くと、いま名古屋よりはだいぶ調子が悪いから、皆さん、「自分たちは全然潤っていない」と言うし、ましてや地方では、特異な産業があるところは別として、アベノミクスでも全然伸びてないという感じがあるわけです。

だから経済運営がうまくいったように見えたのは、トヨタのような大企業に大きな声で、「アベノミクスで経済は良くなっていますよ」と言ってもらったことが非常に大きいんですね。

経済についてさらに言えば、最初にバカーンと日銀の白川さんを叩いておいて、その次に(大胆な金融緩和、機動的な財政政策、成長戦略からなる)「3本の矢」というのを持ち出したのがうまかった。

3本の矢の最後の成長戦略はあまりうまくいっているとは思わないけれども、最初の2つでエンジンをふかして、「徐々に良くなりますよ」という感じを与えた。これが大きいんですよ。「いますぐ良くなる」とは言わなかった。「将来に向けての可能性」を中心にしたという点で、希有な政権だと思います。

そこで問題となるのは、では安倍さんは誰からそれを習ったのかということです。イデオロギー政策にしても、外交政策にしても、どうもいままでの総理大臣には存在していた、いわゆる先生、メンターのような人はいないんですね。これは経済についてもいないんですよ。

安倍さんは限られたリソースの中で、（自分が）これがいいと思ったテーマを政策として打ち出しているわけですね。そこがいままでとの違いかなと思うんです。

だから自信がなさそうに見えて、意外に自信があるのはメンターを背負っていないからだということもあるのだろうという気がしています。

アベノミクスへの「期待」で、いつまで時間を稼げるか

芹川　安倍さんは政治についても、経済についても、「期待」というものに、非常にうまく働きかけたと思うんですね。

政治の話からしますと、2012年12月の総選挙にしても、いま御厨さんが言ったように、経済を持ち出すことによって、自分たちの生活が良くなる、つまり給料が増えるかもしれないと思わせたわけです。

一方で民主党は「実績評価」という点で、もうボロボロだったわけですから、そこで叩く。自民党支持者および無党派層などに対しては、「将来期待」に働きかけてその人たちの支持を集めました。

2013年7月の参議院選挙については、すでに株価が相当に上がっていたわけですから、資産のある人は資産効果で豊かになっていて、彼らからは「実績評価」で丸をつけられていました。一方で資産のない人にも、アベノミクスで給料が増えるかもしれないとなお思わせているわけで、「将来期待」です。これは非常にうまい方法ですね。

経済も同じです。経済学で合理的期待形成仮説というものがあるそうで、それによると「将来税金が増えると思うと節約をする」といったように、将来を予測し期待しながら行動する。自己実現的期待というものもあって、たとえば　オードリー・ヘップバーンが主演した映画「マイ・フェア・レディ」で自分がレディになると思うと本当にレディになるといったように、期待に働きかけて実現していくという話がありますよね。

つまり政治でも経済でも「期待」にうまく働きかけるという、巧みなやり方だったと思います。それが1つです。

もう1つは、先ほどの御厨さんの話とも絡みますが、イデオロギーをうまく引っ込めたと思うんですね。

特に憲法96条の改正条項の改正が13年の春先に争点になりかかったわけですが、それをすっと引っ込めた。そこは非常にうまかったと言いますか、イデオロギーを対立争点とするのではなく、経済を合意争点にして、そこで参議院選挙をうまく戦ったということがあったと思います。

さらにもう1つ、3つ目は私の世界の話ではあるのですが、メディアをうまく惹きつけたと思います。「アベノミクス」という言葉をプラスシンボルにして、民主党政権でのデフレ下で非常に苦しんでいた経済を、アベノミクスでもっていくというかたちにして、メディアをすごくうまく惹きつけた。

たとえば、「アベノミクス」という言葉がどのくらい新聞で使われたかを調べてみたんです。日経テレコンという新聞記事検索のシステムによると、13年1月に『日本経済新聞』では、54本の記事で使われています。それが月を追うごとにどんどん増えていきまして、6月がピークで222本。翌7月に少し減っても197本です。

全国紙4紙では、13年1月には246本の「アベノミクス」という記事があります。それがうなぎ登りで上がっていきまして、参院選挙のあった7月は2475本あるんです。10倍です。さらに地方紙45紙を見ますと、1月は485本ですが、7月になると4078本の記事が出ているわけです。

このように、「アベノミクス」という言葉をうまく操って期待をあおりながら、全国津々浦々までイメージを広めていったということです。ある意味で、メディアとの蜜月関係の中で、100日というところをさらに延ばしてうまくやったのではないかと思います。

御厨さんは経済を主たるテーマに挙げたところがうまかったと言いましたが、安倍さん自身、どの程度見通していたのでしょうか。

御厨　そこは議論が難しいところですねえ。先ほども言ったように、安倍さんにはメンターとなる先生がいないんです。池田（勇人）のときはいろいろいたわけですが、それがいない。

経済を打ち出したというのは、安倍さん自身にとっても一種の賭けであって、はっきりとした見通しを持っていたとは思えない。けれども、彼が2度目の政権登板で感じたのは、おそらく「嘘でもいいから言いつのれ」ということかもしれません。そういう捨て身なところがあったのではないでしょうか。

安倍さん自身が本当に経済を理解しているとは思えないし、経済政策でうまくいくとも彼自身考えていないかもしれないんだけれども、当座、それをやることによって、負の部分、つまり先ほど芹川さんも言った、イデオロギーの部分をとにかく隠し続けなければいけない。

そういうわけで、「経済の一般論で攻める」という話になっただけで、（うまくいっているように見えるのは）あくまで結果論だと思いますよ。しかも民主党政権ももう少し経済のことを口にすればよかったのに、これを言わなかったでしょう。そのぶん二重に得しているわけですよ。

芹川　経済学者の話を聞いたことがあるのですが、民主党政権下、つまり2012年秋の時点が日本経済の転換点で、貿易赤字や欧州債務危機の一段落で、円安に動いていくところだったと言うんですね。野田（佳彦）政権が続いていたとしても、必ず円安株高に動いていたという見方をする人がいます。私も、安倍さんは大博打《ばくち》だったと思うんですよ。その博打で非常にうまい流れに乗ったという、そこはものすごく大きいと思いますね。

それともう1つ、御厨さんが、日銀総裁の黒田さん、前総裁の白川さんのことを言いましたが、これはまったくそうだと思います。うまく敵をつくった。

御厨　そう。白川さんを徹底的に叩いた。

芹川　これはうまいやり方ですね。

ただある民主党議員は「黒田総裁は軍師・黒田官兵衛になればいいけど、黒田五十六になるのではないか」と言っているんですね。黒田さんが、出口のないままに日米開戦に突っ込んだ連合艦隊司令長官の山本五十六になるのではないかと。

当時、近衛（文麿）首相が山本長官に「五十六さん、日米が戦うとどうなるか」と聞いた。そうしたら「半年から1年は十分に暴れてごらんにいれます」と答えた。それを聞いた海軍次官の井上成美《しげよし》さんが、「五十六さんの大失敗だ」と言ったそうなんですね。

半年から1年は暴れてみせるということは、その先はないということですから、このときに、「その先は出口が見えないので戦争はできません」と言えばよかったのに、「十分に暴れてみせます」と言ったことによって、近衛さんが大丈夫だと思ったという、そういう話があるらしいんです。

それをもって、民主党議員は「黒田五十六になるのでは」と言っているわけです。たしかに突っ込んだけれど、出口は見えないですね。

御厨　おそらく安倍さんにとって黒田さんが大事だったのは、白川さんを追放して、「どうだ、参ったか！」と言って走り出したときまでで、そこからあとは日銀総裁のことは、何とも思ってないよ。（笑）

象徴的に白から黒に入れ替えたこと自体に意味があったのであって、あとは黒田官兵衛になろうが五十六になろうが興味がなくて、ダメになったら捨てるでしょう。それは、間違いない。

そして、そのときには黒田さんのことは、みんな忘れている。「ああ、あの人、昔はがんばっていたなあ。でも新聞にも最近出てないし……」といった話になるわけでしょう。

そして、日銀改革はできるわけがない。というのは、日銀だって、安倍政権に対する怨念というのはみんな持っているわけですね。つまり白川総裁をあれだけ叩いたということは、日銀にいる自分たちが叩かれたということですから。

ようやくその傷が1年たって癒えはじめて見えてきたのは、やはり日銀にとっても、黒田さんは異次元の人だということです。（大蔵省で）国際経済はずっと見てきたけれども、国内の部局での経験はあまりない。国際派が総裁になったところで、日銀も営業は国内が中心ですからね。コントロールはできないわけですよ。そういう点では逆に日銀は安心しているという状況になってしまったのではないかと思います。

そもそも、安倍さんは日銀に対する関心はすでにないとぼくは思いますけどね。

芹川　安倍さんにとっては、3本の矢のうちの1本目と2本目はもういいわけで、3本目のところということですね。

御厨　そう、成長戦略でしょう。でも、この成長戦略に関してあるのは、「政府もがんばるけれど、いよいよ民間もがんばらなきゃダメですよ」ということでしょう。

つまり、すべての会社が良くなるわけはないのであって、口にはしないけれども、「努力しないところは置いていく」という話なんですね。だから相変わらず成長産業とか、目立つ産業などに焦点を当てて報道させるわけでしょう。この産業は良くなっていくとか、いよいよ次は賃金を上げるとか……。それで、本当に良くなるか、賃金が上がるかはわからないけれども、予測だけが表に出るという状況です。

これは、芹川さんが言うように、すべてが「期待」であって、しかも多分に「つくられた期待」という側面があるんだけれども、それは検証のしようがないんですね。

芹川　私は思うんですけれども、安倍政権は期待をつくってきたわけですが、期待が失望になることがあるわけですね。おそらく給料が上がらなかったときには、国民の期待は失望になるわけでしょう。

御厨　なると思う。

芹川　その怖さですよね。昔、ドイツの社会心理学者であるノエル・ノイマンの『沈黙の螺旋』モデルというのを教わったことがあります。ある意見をめぐって「そうだ、そうだ」と同調する声が出て多数派だと認識されると、その傾向がスパイラルでどんどん増えていき、逆にだんまりを決め込んでいるとますます少数派になっていく。「いいよ、いいよ」と言っているときは、期待の螺旋で前方向にいくけれど、給料が上がらないとなると、今度は失望の螺旋が一気に広がる恐れがあるのではないか。だから必死になって給料を上げろ、給料を上げろと言うわけですよね。

御厨　でもきっと上がるのは一部だよね。

それから消費増税の問題があります。野党は混乱を期待しているかもしれない。でもその混乱は、おそらく安倍さんも織り込み済みでしょう。増税するんだから混乱は当たり前だと。では、そこからどうやって脱却するかということですね。常に安倍さんは脱却論だから。何か困難が起きると、1年後、2年後を見なさいということで、彼は引っ張っていくわけです。今度の増税でもそうだと思いますよ。「こんなに増税したことなんかないんだから、みんなが苦しいという感覚を持つのは当たり前。これをみんなで乗り切りましょう」というメッセージを出すと思いますよ。

メディアも、いまのところは彼がオオカミ少年だとはあまり思っていないから、「安倍さんの言っていることは、それはそうなのでしょう」と書く。もしかすると、オオカミ少年かもしれないと思いながら、まだ一方でヒツジかなとも思っているわけでしょう。ただ、それも今年まででですよね。

だから冒頭の話とつなぐと、政権の2年目は、経済だけではもたなくなるから、いよいよ政治課題で引っ張っていかなければいけなくなる。

芹川　そうですね。

リアリズムの政権からイデオロギーの政権へ

御厨　安倍政権の次の課題は、イデオロギーなのか外交なのかはわからない。けれども、衣の下に隠していた鎧をいよいよ出さなければならなくなります。

ではは憲法改正を持ち出すかといったら、それは出さない。いつ実現するかわからないですから。そうすると、「とりあえず集団的自衛権に特化すればいい。そして、それは通る」と見ているのではないかと思うんですね。

なぜかというと、特定秘密保護法がうまく通ったという経験があるからです。あの調子で適当に議論させて、今度は（国会での審議時間は）40時間ではなくて、80時間くらいやれば、「議論を尽くして可決しました、何が悪いんだ」とできると見ていると思うんです。

集団的自衛権の憲法解釈の見直しについて、野党とか反対の人々は、また「これで戦争になる」とか「戦前の日本に戻る」という粗雑な議論をするでしょう。そういう主張がいかにダメかというのは、特定秘密保護法で同じ議論を繰り広げても、政権の支持率が下がっていないことからも明らかです。

だから集団的自衛権でも、「戦争になる」「戦前に戻る」という議論を始めたら、安倍さんにとってはしめたものであって、おそらく政権は4つの場合とか、5つの場合とか場合分けしたのより、もっと複雑なクロスワードパズルをつくって、これを解ける者だけが議論に参加できるということにする。野党はそれには乗らないから、そうすると（国会では）80時間以上も無駄な議論になるというわけです。

だから技術論であればあるほど、安倍さんに有利なわけですね。

芹川　集団的自衛権についての安保法制懇談会の報告は、最初は13年末という話があって、それは先送りになりました。それで、通常国会開けの14年夏くらいかと思ったら、4月とか言いはじめていますよね。

それを出して、問題は14年秋の臨時国会は何をどうやるかというのはないわけですよね、政治課題が。そこに明らかに合わせてきたなという気で見ているんですけれど。

言われるように、たしかに集団的自衛権というのは、わかったようでわからないような話ですよね。

御厨　わからないんだよ、あれ。（自衛隊が）地球の裏側まで行くのか、行かないのかといった極端な議論が出てきて、だからダメなのか、どうなのかという話になってしまう。

秘密保護法のときも、「これは治安維持法と同じだから、ダメだ」と反対されると、聞いているほうも「えっ、何だ、それは？」となった。反論する側も議論が粗雑ですから。

芹川　特定秘密保護法で内閣支持率は10ポイント落ちました。読売や共同の世論調査では、65パーセントくらいあったのが55くらいまで落ちた。けれど、言われたように、結局はほとんど元に戻ったんですよね。

御厨　戻っています。（13年12月の）靖国神社への参拝だって、支持率が落ちる原因には全然なっていないんだよね。

芹川 なってないですね。むしろ増えてる。

御厨 これをどう説明すればいいのか。政権は秘密保護法でも、靖国参拝でも支持率が下がらないのを見て、「これはいける」と思ったと思うんですね。

芹川 そう思いますね。靖国の問題は非常に難しいですね。

私は2013年の秋までの安倍政権はすごく評価しているんですよ。イデオロギーを後ろに下げて、リアリストとして、リアリズムでものごとを処理していった。経済を中心にしていこうというやり方を見て、安倍さんは、一浪したら偏差値が15くらい上がったんじゃないかと。

御厨 一浪じゃないよ。前回の退陣から5年くらいたっているから、五浪くらいしているよ。

（笑）

芹川 これはなかなかのものだと思ったんですけれども、特定秘密保護法の処理の仕方はうまくなかったですね。法律の中身については、いろいろ問題はあっても、ああいうものも必要だとは思うんですよ。ただし、処理の仕方がちょっと粗雑だった。それに特定秘密保護法というネーミング、これも悪いんですよね。これ役人の言葉ですね。

御厨　（役人は）そういうの下手なんだよ。

芹川　後期高齢者というのだって役人がつけた。特定秘密保護法だって、機密漏洩防止法とかにすればいいんですよ。

ともあれ安倍さんは秋口まではうまくやっていたなと思ったけれども、特定秘密保護法の処理と靖国参拝については、やっぱりいかがなものかなと思っているんですよ。

ただ、政権の中にいる人の話などを聞くと、日中や日韓の首脳会談を13年中にやろうとしたけれどもなかなかうまくいかなくて、年内に見通しが立たない。（両国との関係は）落ちるところまで落ちているから、これより下はない。それだったら安倍さんの信念として、靖国に参拝しようということだったようですけれども、外交的にはあまり得はないですよね。

御厨　一切得はないですね。けれど、「時事放談」でも話題になったのですが、若い人のあいだでは、靖国参拝について、「安倍さん、よくやった」といった話がけっこう出てきているというんですね。これは問題だとは思いますね。

いま芹川さんが言ったことにかぶせて言うと、安倍さんから見れば、「秘密保護法と靖国がこれだけうまくいった」ということになるわけでしょう。これ怖いのよ、本当に。

これまでは、自分を支持してくれる（思想的に）右寄りの人は、全体のパーセンテージでは少数派だから、右寄りの姿勢を打ち出して全体を引っ張るのは大変だという緊張感があった。ところが、その緊張感がなくなる。つまり、右の力で引っ張っていけると思ってしまうわけですよ。

日経の記事で、安倍さんの人脈の特集があったけれども、そこではっきり出ていたように、とにかく彼は金美齢さんを中心とする保守派のやっているパーティーには必ず現れて、そこでいろいろな議論を聞くと心が洗われて、元気になって戻っていくという。その点について彼は、もうずっとそうだからね。

これもメンターがいるわけではないんだけれど、それは気分なんですよ。自衛隊に行くと打ち震えて、すごい軍事用語などを使って激励するでしょう。別人を見るようなんですよね。普通に政権を担って仕事をしているときとの落差があまりに激しい。

政治家は、そういうところは抑えなきゃいけないわけでしょう。

しかも今回、NHKの会長を代えるために、経営委員も取り替えたでしょう。そのときに、経営委員として保守派から起用している。つまり安倍さんは、結局はイデオロギーの問題とは言いながら、最終的には実利のポストで交換しているのかという話になるじゃないですか。

二世、三世の政治家が受け継ぐ「本当の資産」とは

芹川　安倍さんについては、その保守的な思想について、お祖父さんの岸（信介元首相）さんのことがよく言われますよね。ただ岸さんと、もう1人父方に安倍寛というお祖父さんがいる。この人は、三木（武夫）さんとか赤城（宗徳）さんと親しかったとされる反東条の人で、翼賛選挙では非推薦として……

御厨　当選した人ですね。

芹川　この安倍寛さんが、「今松陰」と言われるほど、非常に気骨のある方だったらしいんですね。もうテコでも動かないような人だった。

だから安倍さんの中には、政治家として、岸のDNAと安倍寛のDNAがあって、思想は岸さんかもしれないけれども、パーソナリティというか政治行動は、安倍寛さんのテコでも動かず筋を通すみたいなところがあるのかな、なんて思って見ているんですけれど。

御厨　ぼくは、吉田（茂・元首相）と麻生太郎さんのような近さは、岸と安倍さんにはないと思うんですよ。

吉田茂は麻生さんを本当にかわいがったんです。晩年だけれど、政客が来ている場に麻生さんを連れていって、そういう場でのやりとりを見せている。しかも（吉田茂の娘で、麻生さんの母である）麻生和子さんからも吉田神話を聞かされているわけです。

ところが岸の娘の安倍洋子夫人が、（息子である）安倍晋三にそういうことをやっているかというと、やっていないと思う。

岸信介元首相（共同通信社／アマナイメージズ）

しかも岸という人は極端に個人主義ですから、他人を信用しない。肉親でも信用しない。原彬久《よしひさ》さん（東京国際大学名誉教授）の『岸信介』という伝記にはっきり書いてあるけれども、長男信和氏の妻仲子さんにお父さんはどういう方でしたかと聞いたときに、彼女は常に網越しの父でしたと言ったんですね。

網越しというのは、常に父と自分のあいだに網がかかっているということ。要するに普通の親子だったらあるはずの、皮膚感覚でかわいがってもらったとか、抱きしめられたとか、そういうのはたぶんない。最後まで御簾《みす》がかかっているというつきあいでしょう。だとすると、ましてや孫に岸が何か影響力を与えたということはないと思うんだよね。

一方で、麻生さんは、「じいさん、じいさん」と懐かしそうに吉田茂のことを語る。この前、政界人物評論の関係で麻生さんに会ったときに、「そういえば……」と突然言い出したわけです。

「そういえば、安倍さんだってお祖父さんは岸さんなんだから、なにがしかかわいがってもらったのかなあ。でもそういう話は聞かねえなあ」と麻生さんが言うんですね。

そこから考えると、お祖父さんの岸にとっての悲願だった憲法改正を自分がやるというの

麻生太郎元首相（アマナイメージズ）

は、いかにも美談のように聞こえるけれど、そうではなくて、おそらくお祖父さんに対するリベンジなんではないかと。ジジイにできなかったことをオレがやってやるというね。

だから安倍さんにとっては、むしろ岸という存在は倒すべき対象として見ているんだとぼくは思うんです。つまり彼にとっては、それは父殺しなんですね。

そこが吉田と麻生さんの関係との大きな違いだとも言えるわけです。

芹川 私が聞いた麻生さんの面白いエピソードがあるんです。いま言われたように、麻生さんは吉田にものすごくかわいがられたという話なんですけれども。

吉田内閣の改造のときに、お祖父さんが麻生さんに巻紙を持ってこさせるそうなんです。その巻紙に、大蔵大臣、法務大臣と書いていって、そこの下に名前を書いて、「うーん」ってまた消したりする。それを横で麻生太郎は見ている。

一応書き終えると、ちょっと距離を置いたところで麻生太郎に巻紙を広げさせて、全体を見る。そこで、「うーん」ってまた読んで、枝振りを考える。そこでまた書き直す。そして、また麻生太郎に持たせて、「よし！」と言って、それを福永健司官房長官が押しいただいて帰っていくという場面があったそうなんです。

麻生さんは座談の名手ですから、もう1つ。

「県名と県庁所在地名が違うところがあるだろう？ これを北から言うと……」と始めるんですね。

「宮城県の仙台、栃木県の宇都宮、茨城県の水戸、愛知は名古屋。四国へ行くと香川の高松、愛媛の松山……。これは全部、明治維新のときの賊軍だった」と言うんですね。そして、「そこで困ったのは、山口。山口県は萩に県庁を置こうとした。ところがそれでは賊軍になってしまう。そこで山口市をつくったんだ」と言うんですよ、麻生さん。「その話、本当ですか?」と聞くと、「吉田茂の膝の上で聞いた」と。

御厨　それ、なんか嘘っぽいなあ。(笑)

芹川　では、吉田茂は誰に聞いたんですか、と聞くと、山県有朋に聞いた話だって。(笑)

御厨　それ全部、嘘だと思うなあ(笑)。でも、いかにもという感じでしゃべるところがあの人は本当に名人だね。

芹川　そういう話がうまい方ですよね。つまり何が言いたかったかというと、御厨さんが言ったように、麻生さんと吉田というのは、いろいろなかたちで接触面があったということですよね。

御厨　そういうことをしゃべることが、麻生さんにとっての政治的資産にもなるわけだからね。

だから岸と安倍さんにそういう関係があったとすれば、やはり岸との話を使うと思うけれども、絶対使わないですから。ふだんの岸はこうだったなんて絶対に言わない。本当はカムバック論だって岸が言っていた。ぼくはよく書いたけれども、そういうことを一顧だにしないでしょう。「じいさんが言うとおり自分はカムバックしました」なんて思っていないわけ。

芹川　なるほど。何となく我々は、安倍晋三さんは、いろいろなものが岸さんから受け継がれていると思うんだけれども、そうではないと。

御厨　ぼくはそうじゃないと思いますよ。イデオロギーの政策なども、ストレートに岸から受け継がれていたらもっと明るいものになるもの。でも、なんだかあの人のは明るくないでしょう。お父さんの晋太郎さんとの関係も微妙なんだよ。

芹川　14年1月に亡くなった毎日新聞の岩見隆夫さんが書いた『総理の娘』という本があって、その中で安倍洋子さんが「父は主人よりいろいろな点で優れていました」と言っているんですよ。

普通は、そういうことは絶対にあまり口に出しては言わないはずなんだけれども、父親が亭主より偉かったと言っているわけですね。

御厨　安倍晋三さんも晋太郎のことは言わないですよね。彼は自分の父親を近くでずっと見てきた。そしてはっきり言えば、最終的に、晋太郎は竹下に騙されるわけですから。ああいう政治家ではいかんと思ったのではないか。

麻生さんの場合は、（父親の）麻生太賀吉《たかきち》は政治家としてではなくて、石炭王としてがんばった。そういうところの評価は別にあると思います。

だいたい政治家というのは、誰と誰とつながってというふうに、普通は身内自慢をするものなんですよ。

でも安倍という人は身内のことについてはあまり語らない。彼は、そういう意味で、二世、三世でありながら、実際はそうではないんだよ。

芹川　やはり屈折しているところがあるのかな。

御厨　それは最初にぼくが話したことと同じで、どの分野に関しても彼はメンターがいないということにもつながるわけですね。

芹川　得意分野というか、岸さんは経済だった。ところが晋三さんに何があるかというと、たしかにないですよね。

御厨　ないんですよ。

芹川　安倍さんは、秘書官はやったかもしれないけれども、お父さんの秘書官だけですからね。

御厨　だからいまに至るまで彼の最大の弱点は——彼自身が弱点と認識しているかはわからないけれど——これまで一回も、いわゆる普通の各省を統括する大臣をやっていないということです。彼は官房長官と総理大臣しか経験していない。党でも幹事長だけ。

それは帝王学といえば帝王学かもしれないけれど、小泉さんだって郵政大臣をやり、厚生大臣をやった。やはり官僚と一緒に汗を流したり、国対（国会対策委員会）にいる人たちと汗を流したりして、法案を通したという実感がない人ですから。その違いが大きいんですよ。

芹川　いろいろな面でリアリティがなくなってしまう。

御厨　そういうリアリティがないもの。

派閥の崩壊と身元保証人のいない政治

芹川　田中角栄でしたっけ、総理になるための条件は、大蔵、外務、通産の各大臣のうちの2つと、党三役（幹事長、総務会長、政調会長）のうちの2つをやらなくては、と言っていますよね。政治家にも、キャリアというか、そういう経験は必要なんですね。

御厨　そう、必要なの。キャリアパスがきちんとあって、全部はやらなくてもいいけど、経験することによって形成されていく政治家としての豊穣さ、豊かさのようなものがあるはずなんだけれど、そこがやせているわけですよ。官房長官しか経験していないというのは決定的ですよ。

芹川 なるほど。いきなり課長から社長になったようなもの、ということですかね。

御厨 その前は社長室長（笑）。よくいるじゃないですか、そういう人。安倍さんはそのタイプ。だからたぶん広がりがないんだと思う。

芹川 そういうことを踏まえると、昔の自民党のシステムというか、人材をリクルートしてリーダーを養成していく仕組みというのは良かったということなんでしょうか。

御厨 そうなんですよ。ぼくも反省しているんだけれど、かつて、「派閥はいけないものだ」としてさんざんけなして、授業でも派閥の悪口ばっかり言っていましたからね。これは後悔しているわけです。

だから、いまは授業では「派閥というのは良かったんだよ」って言っている（笑）。いまの学生は何も知らないから、へーっとか言っているけど、昔の学生が聞いたら、「先生、転向したな」って言われちゃうよ。（笑）

芹川　我々もいまになって、派閥の効用を思いはじめていますよね。ぼくらの世代の政治記者は派閥記者ですから、その意味合いがわかるんですよね。

そういう意味では、自民党が派閥を壊したことによって、人材を、リーダーをつくっていく仕組みがなくなっていますよね。

御厨　派閥というのは1つの機能でしょう。その機能を全部壊してしまったんですよ。

そこから、もう1つ安倍政権の特徴に話を戻しますが、やはり安倍政権に参加している人、大臣たちにとって大切なのは、「今でしょ」なんですね。

つまり政権に参加している人たちには、「自分たちは将来どうなるか」という見通しがあまりない。だから安倍さんも内閣改造はやらない。改造をやって出ていった連中はみんな反安倍になってしまうから。

昔は派閥があったから、次の見通しがあったけれども、いまはそれがない。本当は昔だって首を切られるのはいやなのだけれど、（内閣を）出ていくと必ず親分から呼ばれて、「しばらく派閥の仕事をやれば、また次にチャンスがある」と言われれば、そうかなと思ってがんばるわけです。

いまは出ていったら、そういう保証をしてくれる人はいない。保証人なき政治ですからね。90年代は派閥がダメになってきても何とかうまくいったのは、竹下登という類い希なる保証人がいたからでしょう。ところが、いまは誰も保証してくれないんだよ。

芹川　たしかにそうですね。菅（義偉《よしひで》・官房長官）さんにしても、甘利（明・内閣府特命担当相）さんにしても、ある意味派閥を出た人たちですね。この人たちが中核でいるわけですね。

御厨　そう、保証人のいない人たち。

芹川　安倍政権は安倍、麻生、甘利の名前の頭文字をとってＡＡＡ（スリーエー）と言われたんですね。そこに菅官房長官の菅《すが》の笠をかぶっているようなところがあるんだけれど、おっしゃるとおり、そこにいる人たちというのは、これが終わったら何があるかというと、見えにくい人たちですね。

御厨　そこは非常にはっきりしています。要するに先がない人たちだから、いまのポストで絶対にがんばらざるを得ない。これは政権にとっては悲劇でもあります。

政権というのは、今日の政権であっても、明日はどうなって、その後はどうなるかということを考えないと、本当はいまの政策もできないんですよ。これまでの自民党は派閥を通して、党の中で疑似政権交代をやってきていたから、政権交代のコストは比較的安かった。

3年3カ月ものあいだ、冷や飯を食わされて自民党が思ったのは、「やっぱり与党はいい」ということなんですね。だからみんな文句も言わないで座っているわけでしょう。でも不安はある。つまり、保証人がいないということに加えて、いずれまた野党になるかもしれないという不安ですね。

つまり政権交代というのは、自民党に対して恐怖心を植え付けているんです。政権を失ったらまたチャラになって、全員失業してしまう。だとすれば、いまの政権でがんばらざるを得ない。そうすると、いまの政権の中に反主流はできない。こういうことになっているわけです。

芹川　よく言われているように、小選挙区制によって派閥がなくなって、執行部の力が強くなったから反主流ができないというのではなくて、保証人がいないということが背景にあるわけですね。

御厨　いまはもちろん野党がめちゃくちゃなわけだけれども、しかし一度政権交代を経験してしまうと——その前にも細川（護熙《もりひろ》）政権でも半分は経験しているわけですが——今後もあり得るなと思う。それが怖いわけですよ。

だから、いまがんばらなくてはならない。だから、「今でしょ」なわけですよ。だって、「今でしょ」の、あのお兄さんも、いずれどうなるかなんて、わからないんだから。（笑）

安倍さんが、次から次へと政治課題を出していくのはそのせいなんです。そうして新しいことに、みんなを飛びつかせる。みんなが余計なことを考えないためにはそれが必要だから。すぐに「なんとか本部」みたいなものが立ち上がって、有識者たちがそこにはめ込まれるわけですね。

「誰も、何も言えない」という不幸の構図

芹川　どうしても昔の自民党の話になってしまって申し訳ないんだけれど、派閥による疑似政権交代もそうだし、もともとはチェック機関もビルトインされていたわけですよね。いまは、そういう機能がなくなっていますよね。

公明党という存在が、若干効いているのか、それとも効いていないのかよくわからないけ

れども。本来であればチェック機能を果たすのが野党の役割なんだけれども。
御厨　野党は全然ダメですね。
芹川　そうすると、与党内にチェック機能がなければいけないんだけれども、それもない。
御厨　いま安倍内閣が、一応政権を担当している。たしかにねじれもなくした。けれども、誰がどう見ても、力強くて統治能力のある政権だとは思わないでしょう。
芹川　なるほどねえ。しかしいまの状態でいくと、消費税の引き上げはともかく、２０１５年９月に総裁選挙がありますね。そこで再選されれば、さらに３年間ですから２０１８年９月までは続くわけでしょう。そうすると、いまの感じでいけば、安倍さんを覆すような勢力は……。
御厨　出てこない。
芹川　出てこないですよね。そうすると安倍さんは15年に自民党総裁に再選されて任期３年だから当然18年まではいく。
御厨　健康上の問題などがなければいくでしょうね。この前、「時事放談」に石破さんが来たときに、番組のプロデューサーが「来年が総裁選ならば、そろそろ今年は準備も……」と質問したら、石破さんが慌てて、「そんなことはない。こんなにみんなが一致して安倍さんを支えているときに、そういった二心はない」といったようなことを言うんですよ。

要するに、みんなは本心から安倍さんを支えているわけではなくて、いま仮に反対して政権から出てくださいと言われたら、先ほども説明したように、次がないんですよ。そうして、もし仮に選挙で落ちるかもしれないと思ったら、絶対にいまのポジションにしがみつくわけですよ。

芹川 非常に不幸な構図ですね。どこかにある程度チェックする機能がないと、政治というのはうまく回りませんからね。

御厨 動かないですよ。この国は政治的にも貧しくなったなと思うのは、高度成長の時代で、イケイケドンドンのときでも、「これ以上は経済だけやっていてはダメです、やはり国のことを考えていかなければ」というような反主流派が必ず出てきたわけですよ。

だから自民党の中で反主流派だった三木武夫などは――岸はゲジゲジみたいに嫌っていたけど――一定の効果があるわけですね。やはり何か中心がいると、こちらから見れば何となくよこしまなんだけれど、1つの党内党をつくってそこでがんばるみたいなものがあったわけ。そういうことができないんだもの、いま。やっぱり1つの目標しかないというのはおかしいですよ。

芹川　まして、いまはダイバーシティ（多様性）とか言われているわけですからね。

日本だけを考えれば、靖国参拝の問題も、国内の理屈としては成り立ちます。成り立つとは思うんだけれども、これだけグローバル化しているわけでしょう。その中で、日本はどうしていくかということがもう1つありますよね。

そういうときに、国内の論理だけで政治が回っていくというのは、これはもう仕方がないことなんですかね。

御厨　それは、仕方がなくはないでしょう。国内の論理でしか回っていかないから、韓国や中国にやられてしまうわけですよね。韓国や中国は、基本的には対外広報戦略しか考えてないんだから。自分の国をいかに良く見せるかということ。自分の国の論理が間違っていても、いかにして正しいと見せるかがあの国の人たちがやっていることでしょう。日本の場合は国内ではいろいろ言うけれども、対外広報をやらないから、負けてしまうわけだ。常に負けてしまう。負けると悔しいものだから、「相手がおかしい」という話になるんだけれど、これは悪循環だよね。日本も本気で対外広報をやれ、と言いたいですよね。

芹川　そうですね。たしかにルサンチマンみたいな人がいっぱいいますからね。

御厨　そう。それに、もう少し明るい政治が欲しいですね。鳩山さんみたいに能天気でも困るけど、なんか暗いんだよなあ、安倍政権というのは。

芹川　自民党の良さというのは、やはり明るさがあったことですよね。

御厨　そう、明るさですよ。バカ陽気みたいなところもあるけれども、明るいのがいいですよ。昔は二階（俊博）先生みたいな人が4、5人いて、そういう人たちが踊ってくれることが面白いことがあったけれども、いま二階先生が踊っても面白くも何ともないからなあ。国土強靭化なんて、という感じだし。

芹川　なかなか難しいですね、安倍政権は当分続くし。

御厨　続くと思うよ。

芹川　課題としては、集団的自衛権から入っていって、憲法改正は次の選挙が終わらなければできませんよね。

御厨　やらないと思うなあ。だって選挙のときに憲法改正と言ってないのに、それをやったらおかしいからね。

芹川　16年の夏の参議院選挙があって、16年12月が衆議院議員の任期満了。それをダブルにできるかどうか。公明党はかねてダブルは反対ですし、すでに15年秋から年末までにしてくれといった話を内々していますからね。

御厨　それはそうでしょう、早めに解散してやってくる。

芹川　その参議院選挙、衆議院総選挙で勝って、憲法にいくかどうかですよね。

御厨　つまり、そこまでは憲法の課題にはならないということですよ。

芹川　そうですね。それまでは経済でずっと引っ張っていく。消費税率は5パーセントから8まではいきますけれども、財務省は14年末には、8から10にするかを決めなければ間に合わないと言う。

２０１５年10月から上げるための予算措置が必要だから、予算編成でやらなければいけないと言うけれども、安倍さん、あるいは安倍さんの周りを触ってみると、14年の12月に上げるという決断をするとは思えないんですよね。

安倍さん自身が周辺に漏らしているとされるのは、「2年間で5パーセント上げた例はないよ」ということなんですよね。安倍さんの側近も「先送りも選択肢の1つだ」とか言っている。
そういうことを考えると15年10月ではなくて、16年度か、選挙を考えたら17年度かもしれませんね。
御厨　そのあたりまで先送りにするというのは、普通の考え方だよね。
芹川　ということは、それまでは経済で引っ張ることができる、ということですね、逆に言うと。
御厨　いろいろと課題はあっても、「まだ次がある、まだ次がある」という、ある種の手品が続くわけですよ。
芹川　消費税というものをうまく使いながら、経済手品をやっていけるということですかね。
御厨　少なくとも、そうかなっていう感じでしょう？
経団連も、民主党政権で相当疲れてしまったから、人事を見ても、いまは政治に寄り添おうとしているじゃないですか。経団連は大企業ばかりだから、積極的にPRをしてくれるわけですよ。「安倍自民党政権になって、経済は良くなった」って、良くなんかなくても言うんだわ。
タクシーに乗ると、運転手さんも、「オレのところには、まだ回ってこない」という話になりますけどね。でも、「経済は良くなった」と言われると、みんなも「そうかな?」って思うかもしれないわけでしょう。
そういう意味で、安倍さんを支える要素が出てきていますよね。だから、彼が最終的に怖いのはメディアでしょう。メディア以外の部分は、相当に彼を支えているから。

芹川　メディアの一部は、やはりいやでしょうね。ともかく、メディア戦略をすごくやっていますよね。

御厨　それはひしひしと感じますね。

強大な敵がいない政権ほど危うい

芹川　ちょっと違う視点ですけど、「アベのツキ」というものがあるような気がしますね。まず総裁になったところを考えても、当初、彼がなるとは誰も思っていなかったですよね。1着は石原伸晃で、2着が石破茂で、安倍は3着で決選投票にも残らないだろうと思われていた。

　ところがなぜ安倍さんになったかというと、石原伸晃の失敗ですよね。さらに、あのおやじさんが右側の風を吹かせすぎたんですね。親ばかちゃんりん（笑）。蕎麦屋の風鈴とかそういう感じで、右の風を吹かせすぎて、石破と安倍が上がっちゃった。それが1つ目のツキですよね。

　2つ目のツキは民主党の自滅ですね。

　政権をとってからは、経済は先ほども出たように、明らかに円安トレンドになっていたわけですね。円安トレンドになれば、株高になるわけだから。そういう経済のツキもあった。これが3つ目。さらに4つ目、オリンピック招致成功のツキもありましたよね。

御厨　それもある。よもやの大逆転だもの。

芹川　思えばいろいろなツキがあの人にはあるんですよね。

御厨　でも、そのツキが落ちたときが怖い。支える人が少ないから、おそらく長期政権になっていくあいだに、みんながくたびれる。

　昔の竹下派の七奉行とか呼ばれた人々は、多少のことがあってもすり切れない。それは切磋琢磨できたから。「あいつがやるなら、オレもやる」っていう気持ちがあった。

渡部恒三さんなんか、いまだにそのような感じがありますから。この人、まだそんな気持ちがあるのかっていうところが、（時事放談にも）お呼びすると感じられるわけですよ。だけど悲しいかな、「人がいない」。いまの政権についている人たちは政治的経験も薄い。菅さんにしたって、第1次安倍内閣の総務大臣だけでしょう？

芹川　96年初当選ですから、6回ですね。

御厨　ほかにもいろいろな政治経験があって、その間に非常に苦しい目にも遭ってという人たちはいないんですよ。

つまり、そういう経験の浅い人たちが支えているから、長期政権化したときにすり切れる可能性が高い。1つのポストを長いこと経験した人はいないですからね。

芹川　たしかに菅、甘利、麻生とかが中核にいて、その周りに誰がいるかというと、あまり見あたりませんね。加藤勝信（内閣官房副長官）とか世耕（弘成《ひろしげ》・内閣官房副長官）とか、いるといえばいるけれど……。

御厨　まあ、なんだかね。

芹川　たしかに党にはいないですよね。

御厨　だから党はダメになってしまった。党がダメで、全部官邸に引っ越したわけでしょう。官邸がうまくいっているのは、大臣たちがうまくやっているというよりは、あそこに呼び集められた官僚がうまくやっているからですね。

芹川　「政高党低」と言うけど、いまは「なんでも官邸団」と言うらしいですね。（笑）

御厨　面白いね、それ（笑）。そう、全部官邸なんだよね。

芹川　たしかに、それではすり切れますものね。

御厨　これまた派閥の効用ということになるかもしれないんだけれども、やはり適度に内部に対立があると、緊張感が出るから何としてもこの政権を守ろうという話になるでしょう。要するに対立相手がいないということは、それ自体で安倍政権を弱めている可能性が高い。全体として沈没していくということになる。

芹川　ローマ帝国が滅んだ理由はカルタゴを滅ぼしたことだと言われていますよね。

御厨　そうそう。強大な敵がいなくなったということでしょう。

芹川　敵がいなくなったときに組織というものはつぶれる。だから敵なき組織は非常に危ういというのはありますよね。たしかに安倍政権には、敵がいなくなってしまったものだから、その点に危うさを感じるところがありますね。

御厨　今日があるように明日があって……というふうにやっていくことにくたびれてくると思うんですよ、絶対。敵がいない政治は逆にくたびれますよ。

芹川　そうですね。

御厨　敵がいたら、こっちも敵愾心を燃やしますよね。作戦会議をやって、酒を飲んだり、バカヤローって叫んだりして元気を出せるんだけれども、バカヤローと言う相手もいないわけですよ。そういう政権は縮小均衡に向かう可能性がある。

そうなると逆に、憲法改正までいけない可能性もありますよ。憲法改正をやるとしたら、ものすごいエネルギーが必要になりますよ。絶対に改正させないという勢力がいたら、かえってがんばれるだろうけれど、いまの状況のように、「もしかしたら改正できるかもしれない」という状況だとすると、かえって大変だと思いますよ。すると、やらないと思う。そして政治的な課題がどんどんなくなって、という恐れがある。

それから、また靖国に参拝する可能性も高いんですよ。同じような感覚で参拝する可能性が高いと思うんだけれど、「それでも、やはり何も起こらないじゃないか」と言っているうちに、外交はそうはいかなくなるわけですね。そうすると、そこで何かが起きる可能性だってあるわけだから。

芹川　ポスト安倍はいないんですよね。前（の安倍政権のときに）は、少なくとも麻生さんまでは見えていたわけですよね。

御厨　（小泉政権のときだって、麻生太郎、谷垣禎一、福田康夫、安倍晋三がいて）「麻垣康三」というのがあったわけです。でも、いまはあとがいないんだよなあ。

芹川　石破さんだって、次はよくわからないですよね。へたをしたら楠木正成親子の「石破茂れる桜井の別れ」みたいな感じで。

御厨　うまいね。（笑）

紅白歌合戦から思い出のメロディーになった日本の政治

芹川　もう1つ、安倍政権の歴史的な意味とか意義といった点。55年体制から移ってきて、これをどう見たらいいのか、頭の整理ができないでいるんですけれども、これはどう考えておけばいいんでしょうかね。

御厨　なるほど、安倍政権の戦後政治における歴史的な位置付けですね。これは最近あまり言われなくなったけれども、総理大臣に返り咲いたということが大きいでしょうね。

この国の歴代総理大臣は、いわばカバーストーリーのようなものだから、いったん出たカバーは二度と使わないということになっていたわけですよ。

みんなが驚いたのは、宮澤（喜一）さんが大蔵大臣に戻ったとき。これは高橋是清だということで驚いた。それから橋本龍太郎が最後にどうしても自分がやりたかったというので行政改革相に戻った。あのときもみんな驚きましたね。

それほど、普通の大臣のポストに元総理が返り咲いても驚いたのに、今度は元総理が総理に返り咲いたわけですから、これは状況がかなり違ってきたということです。つまり逆に言うと、新しい人が出なくなったという証拠でもあるんですけどね。

芹川　つまり人材が払底しているということ。

御厨　だから麻生さんなんかも、もしかしたら自分も（副総理の）副が取れるかもしれないといまだに思うという錯覚に陥るわけですよね。だって安倍さんが復活したわけだから。

これがもたらしたもう1つは、元総理の反乱ですよ。今回の都知事選なんて、2人の元総理があんなかたちで出てきたというのは、彼らにしてみれば憤懣やるかたないからなわけでしょう。本来、小泉さんなんて十分に全うしたはずなのに、やっぱりまだまだやりたい、となる。

だから、全うしていない陶芸家のおじさんなんて（笑）、いよいよもって何か自分でやりたいと思うわけでしょう。それを空気として可能にしているわけですよね。だって安倍さんがカムバックできたわけだから。

古い人が着物だけ替えてやってもいいんだね、という話になるのは、ある意味で、日本の政治が紅白歌合戦から思い出のメロディーになってしまったということになりますよね。紅白に出られないじいさんが歌っている。そういうことになってしまったんですよ。

芹川　でも戦前は返り咲きが何回もあったでしょう。

御厨　それはありました。でも、戦前は政党というものは関係ない。だから元老や、宮中がこいつは使えると思う人間が、カムバックすることはあった。

芹川　大命降下だから関係ないわけですね。

御厨　そうそう、関係ないんですよ。でも戦後は政党政治ですから、一応政党の総裁がなるわけです。そして、政党の総裁というのは一度失敗したらもう返り咲けないというのが暗黙知だったわけです。だから芦田均《ひとし》なんかどうがんばっても返り咲けなかったでしょう、それははっきりしている。

けれども何度も言うように、人材が払底していますから、次の総理を選ぼうにも、派閥もなければ何もない状況ですから、候補者がいなくなったら、結局昔の人材を使わざるを得ない状況になっています。新しい人たちのほうからも、安倍さんが2度やるのは変だという声が聞こえないじゃないですか。

芹川　それはなかったですね。

御厨　そういう意味では、この国の政治が常に新しいカバーストーリーで勝負を張っていく時代がついに終わったということなんですよ。だから、新しい総理の人材自身もいなくなったと同時に、おそらく新しい政治課題というものが、いまはないということなんです。

憲法改正があるだろうとか、安全保障の立て直しがあるだろうとか、いろいろ言われてきているけれども、結局はないじゃないかと。経済を良くするというのは別に新しい政治課題ではないんですよね。これは当たり前の話なんだ。

芹川 新しい政治課題があるとすると、負担を分担させるということでしょう。利益の分担はもうできないわけだから、負担を分担させるのが課題です。でも、それを持ち出すのは政治家はいやなわけですね。

御厨 そう、だからやってない。

芹川 社会保障は切りたくないですからね。

御厨 おそらくそれが課題となるのは、いよいよもってこの国はもうダメですというとき。ぼくは東日本大震災後はそうなると考えていたんだけれど、結局はならなかった。

たとえば、「ダメな地域は残らない。いい地域、がんばった地域だけが残る。すべてを均等にはできない。しかも負担は多くなる」。こういう選択をこの国が本当にするときには、新しいカバーストーリーが必要です。けれども、そういう選択はしないでしょう。いままでのように、「みんな平等がいい」となる。そして、「みんな一緒に助かりたい」と言っているうちは、やはりナツメロのほうがいいんだな。

芹川 これまでは、全国津々浦々まで、みんな等しく豊かな政治というものをやってきたわけですよね。

御厨 いまでも国土強靭化でまだ道路つくろうと言っているわけです。本来なら、それはもうできません、高速道路もすべてはメンテできません。それは仕方がないことですと言うのが本当のはずです。

これから全部を直そうと言うけれど、ものすごく金がかかるんですよ。新しく道路をつくるよりも金がかかるんだから、そういうのはしませんと。

その点、アメリカなんかはっきりしていて、高速道路なども本当に崩落しているところがいっぱいありますからね。そこに落ちたら自己責任だと言われる。それは極端だけれども、要は、これからメンテをしていくというんだったら、限られたところになるんです。全部はできません。

こういうことに政治意識が向いて、国民の意識も変わったときには、新しい指導者が必要なんですよ。国民に犠牲を強いるときに、国を率いていくというのは本当の意味のリーダーシップが必要だから。でも、それは安倍さんじゃあないですよ。

芹川 これは小泉論に入りかかってしまうんですけれども、小泉純一郎という人は、負担というか、不利益を分担しようとしたのではなかったんでしょうか。

御厨　もちろん彼の場合は、彼のやりたいことの中に不利益負担も入っている。けれどもそれは、すべての面でやっているわけじゃないでしょう。

芹川　彼のやりたいことの中に、入っているという。

御厨　そうです。たまたま入っていて、それをやったということです。彼の場合には、ある種のルサンチマン、つまり田中派がずっといい目を見てきたから、この利権をぶった切ろうというのがあった。結果として、それがうまくいった面はあるわけですけれども。

芹川　なるほど、トータルに負担をもう1回分担させるための政治ではなかったということですか。では、これからそういう政治が出てくるかどうか。

御厨　つまり政治というのは、時には、「これしかできません」と言うことも必要なんです。「これまでは我々も悪かったけど、皆さんも、政治に頼めば何でもできると思っていたでしょう。それは間違いです」と。

政治というのは、本来限られたことしかできないので、それからあとは皆さんががんばってください——もちろんある程度の保証はしなければいけないけれども——と言わなければばいけないときに、それが受け入れられるような政治状況、それを強いるような状況を考えると、かなりきちんとした指導者でないと国民はついていかないんです。

芹川　そういう指導者は日本の歴史上いるんですかね。そういう経験をしていないと言えばしていないけれど。

御厨　そう、経験していないんですよね。

(90年代に)政治改革が言われたときに考えられたのは、そういうことを決められる体制なんです。小沢一郎があのときに、「51対49で決める政治が、これからくる」とはっきり言ったのは、本当にそういう意味なんだよね。

国民を2分して、51でも勝ちは勝ちということであれば、それを実行していくという政治。小沢さんはあのときに、「小さい政府」と言っていたわけですから。そのうち変わっちゃって、いまは全然違うこと言っているけど。(笑)

でも、彼が言っていたことは正しいんです。おそらくそれに近い政治を小泉もやった。だから小泉は説得なんてしない。反対するなら反対してみろと言った。衆議院を解散してでもやるみたいなね。この文脈でとらえていくと、過去にもそういうことをやろうとしてきたわけです。

けれども細川政権以来はっきりしているのは、野党側が政権をとると、必ずバラまきをやるんですよ。福祉のバラまきなどになってしまう。

不幸だったのは民主党が政権をとったときに、バラまきをやろうとしたことです。民主党は、あれだけ政治がわかっていないのだったら、本当にやらなければいけなかったのは、切るべきところは切るということだった。

民主党がもしそれをやったら、官僚たちも、「民主党なんだから、それは仕方がないよな」と言って従ったと思うんですよ。官僚の中にも、それをしなければいけないと思っている人たちはいるわけだから。ところがそれができなかった。

いまはドブに落ちたから叩けとばかり、みんなが民主党を叩いている。けれども、そういった点では、民主党政権にもある種の意味があった。ただそれが全うできなかったということですよ。

第二章

リーダー論

権力闘争を超えるには

「ポストにつけない」という政治手法

芹川　第2章はリーダー論ということで、まずは小泉（純一郎）さんから。これは、まず私が話しましょう。

小泉政権を振り返ると、小沢一郎さんの理念と言いますか、『日本改造計画』で示された新自由主義的な理念を、橋本龍太郎さんの行政改革の道具立て、これは政治主導、内閣主導で実現させたという面があったのではないかと思って、私は見ているんですね。

あと一言で表すと小泉さんは「壊し屋」ですね。これはもう、小沢さん以上に壊し屋ではないかと。

それから、私は後世の史家は、おそらく小泉さんのことはあまり評価しないのではないかと思っているんです。いまは何となく小泉人気というものがあって、我々もそのように感じるのですが、どこかチャーミングなところがある。けれども、歴史的にはそれほど高くは評価されないのではないかということです。

もちろん自民党を壊したということでは、評価されるかもしれません。けれども、これは

「創造的破壊」ではなくて、「破壊的破壊」だったのではないかという気がしているんです。小泉さんが壊したものはいくつかあるわけですが、いちばん大きいのは何回も言いますが派閥ですよね。

御厨 そう。これは完全に破壊した。

芹川 小泉さんが破壊したのは、これが最大のものと思うんですけれども、経世会（竹下派）に対するうらみつらみがあって、これを破壊することから入った。そして派閥を完全に壊してしまったということが1つあると思うんですね。

2つ目は、自民党の中の意思決定、つまりものの決め方。下から積み上げていくボトムアップ的なやり方を壊して、トップダウン的な手法を取り入れた。そういうところも壊したと思います。

3つ目は理念というか、ものの考え方。それまでの自民党は、田中角栄や竹下登の政治というか、全国みんな等しく豊かになりましょうということをやってきたわけですが、それも彼は壊したんですよね。

この3つを壊すために、彼は言葉を使った。「言葉政治」で、言葉によって不利益の分配もやったところがあると思います。そして、それを劇場型で示した。見せる政治のかたちでやったのだと思います。とにかく抵抗勢力をつくって、2項対立の図式をつくりましたからね。

つまり、小泉さんがやったのは、「サヨナラGNP政治」だと思うんです。GNPというのは、義理と人情とプレゼント。

御厨　やっぱり、あなたうまいね。(笑)

芹川　自民党というのはGNP政党だったんですよ。そういう古い自民党を壊したことには意味があると思うのですが、では彼は新しいものを何か準備していたかというと、それはなかった。だから創造的破壊ではなく、破壊的破壊で終わったというのが私の見方なんですよね。

御厨　小沢さんがやろうとしていた新自由主義を小泉さんがやったというのは、まさしくそのとおりだと思いますよ。

小沢さんの『日本改造計画』をつくった連中というのがいるんです。ここにはぼくも入っていましたけれども、政治の部分はぼくと飯尾(潤)が書いて、外交と安全保障は北岡伸

一、経済は竹中平蔵と伊藤元重が書いたんですよ。
　この連中のうち、このあと、小泉へのご進講に、伊藤と竹中は行ったわけですよ。安全保障に関しては北岡伸一。ぼくなんかにはお呼びもかからなかったから行かなかったし（笑）、飯尾君は民主党だったから行かなかったという事情があったけれども。

　だから経済政策について、小泉さんがまさに新自由主義を引き継いだというのは、そのとおりなんです。だって竹中、伊藤がそうだったんだから。結局小泉さんはその2人のうち、竹中のほうを大臣として使ったということになりますよね。

　だから、小沢さんにしてみれば、「小泉に盗まれた」という感じがあったと思いますよ。ただし小沢さん自身は自自連立とかで、ちょっと政策的に方向性が変になっていたから、もう仕方がないという面があったとは思いますけれど。

　それはともかく、小泉さんが自民党を壊した、派閥を壊した。その点をもう少し詳しく見てみると、「ポストにつけない」ということをやったわけです。

　なぜあれほど簡単に橋本龍太郎さんの派閥が壊れたかというと、当時の橋本派にろくな大臣ポストを与えなかったからなんです。しかもポストの数も減らして、1つとか2つですよ。

それを1年半やったわけです。そうしたら、確実に派閥がつぶれた。それをみんなが見ていたんですね。

つまり「干し上げる」ということがどれほどの意味を持つのか、それを小泉さんはみんなに見せたということです。

一時は田中真紀子と一緒に歌っていたけれども、彼女がダメだとわかると、平気でこれも切ったわけでしょう。しかも、こんな切り方をするのか、と思うくらいに切り捨てた。

こういうふうに考えると、小泉さんの場合、「誰をポストにつけたか」というよりは、「誰をポストにつけずにいたか」「誰を切ったか」というところを見ていかなければいけない人だと思うんですね。

それがいちばんはっきりしていたのは、竹中平蔵。彼だって小泉さんから最後の1年は余計だと思われたから、総務大臣に移されたわけでしょう。もう関係ないよ、という感じで。そういうところの切り換えがすごく早かったですね。

ポストにつけないことによって恐怖心を与えるというのは、かつて佐藤栄作がよくやった手法なんです。それ以来、中曽根さんは別にして長期政権はなかったので、そんなことをやっている暇なかったから、やってこなかったんだけれども。

佐藤栄作がポストにつけないことでついに身を滅ぼしたのは石田博英ですね。石田博英という人は、最後は歌手の後援会長ばかりやっていたというのは、要するに能力があるのに絶対ポストにつけてもらえなかったから。これはもう、佐藤の実兄たる岸が敗れて、石橋湛山《たんざん》が総理になったときの参謀だったということに尽きます。

芹川　岸を破った石橋と石井光次郎の2、3位連合ね。

御厨　そう。それでつぶしていったんですね。

そういうことはみんな忘れていたんだけれど、小泉さんが総理になってみたら、今度は人ではなくて、派閥をつぶしたわけですよ。

先に、安倍政権について、ポストのことを話したけれども、誰をポストにつけるかというのは非常に大事なわけです。つけなかった人はおしまいなんだから。だから、いまの政権がああいうふうになってしまったのは、小泉さんのせいなんですよね。

「ポストにつけなかったら、おまえたち、何もできないだろう」ということを示したという意味で、小泉効果は大きいんです。

芹川　これは、あまり気づかれていませんね。

御厨　でも、長く政治を見ていると、絶対そうだということがわかる。だからいまの内閣で、みんなが辞めたくない、辞めたらどうなるかわからないと思う淵源《えんげん》は、小泉政権にあるんだと思うんですよね。

行動の軸は政策にあらず、権力闘争にあり

芹川　そういう意味では、安倍さんは小泉手法をとっているということですね。

御厨　そうなんですよ。1年半も内閣を改造しないというのは、間違いなく小泉の手法だから。小泉さんはそのあいだに干し上げたんだけれど、安倍はそのあいだに反主流を出さないように内部を固めているという話ですよね。

そういう意味では、たしかに小泉政権には面白おかしいことはいくらでもあったんだけれども、あなたが言うように、評価というのはなかなか難しいと思いますよ。

芹川　私が歴史的にそれほど高くは評価されないのではと言ったのは、いま我々が思っているほどは評価されないだろうという意味なんです。

小泉さんの、その破壊力は評価するし、政治手腕も評価します。けれども、おそらく歴史的に振り返ったとき、それこそ戦後政治史における意味がどれほどあるのかなということで見ると、先ほども申し上げたように、次の場所を準備していなかったというところがあると思うんですよね。つまり彼は自民党の延命装置だったわけですね。

みんなは森（喜朗・元首相）さんで自民党が終わると思っていた。そうしたら小泉という人が出てきて、アクロバットのようなこと、とんでもないことをやったんですよね。自民党をぶっ壊すと言って、5年5カ月ですからね。

御厨　そうそう。延命装置をつけたわけです。

芹川　そこはすごいと思うんですよ。

御厨　でも、ちゃんと歩いていた人をひっくり返して、ただ生命維持装置だけつけたという感じだよね。

芹川　だから延命装置がはずれたら、自民党は死んでしまったわけですよ。

御厨　それはそのとおりですね。

ぼくが90年代にオーラルヒストリーをやっているとき、竹下登と会って常に話題になっていたのは――そのころは橋本政権だったんですが――「次は誰ですかね」ということなんですよ。

するとと竹下さんは、「小渕（恵三）までは読めるね」と言ったんですね。そして、「そこからあとはいない。早急につくらなくちゃいけないな」と言うんですね。

だからぼくが、「どういう人たちを集めるんですか？」と聞いたときには、額賀《ぬかが》（福志郎）さんとか、そういう名前は挙がったんだけれど、小泉さんはまったく名前が挙がらなかったからね。

芹川　そうでしょうね。かつてみんながＹＫＫと言いましたね。山崎（拓）、加藤（紘一）、小泉のＹＫＫですけれども、あの最後のＫは、当時はまったくの付け足しと言われていましたからね。小泉さんなんて誰も歯牙にもかけない感じだったわけですよね。

御厨　総理になる前に、２回ほど自民党の総裁選に出ているけれど、完全に泡沫扱いだったでしょう。「何で、この人が出てるの？」みたいな。

芹川　それも、やっぱり彼のすごさなんでしょうけれどね。そういう意味では、政治家として評価できるところはあると思うんですけれども。

御厨 最後の段階でも、これもとにかく橋本をつぶすという意味で出てきたわけだから。橋本をつぶし、静香ちゃんを騙し。

芹川 亀井静香ちゃん。(笑)

御厨 亀井さんは、いまでも言っているんですよね。「あのときに小泉に騙された」って。「それは、あなたのほうが甘かった」とは思うんだけれどもね。でも「あのとき、オレを騙した」とか言うから、「ああ、やっぱりこの人はいい人だなあ」とは思うんですけれど。

芹川 でも、小泉さんの今回14年の都知事選などの出方を見ていると、やはり何か異様ですよね。成仏してないんでしょうか。

御厨 本当は成仏したはずなんですよ。それに彼は文句は言えないはずですよ。だって5年5カ月の政権で、しかも総選挙で勝ったら、本当だったら2年以上はやらなければいけないはずなんですよ。ところが自民党の総裁の任期はあと1年だから、という理由で辞めたでしょう。だからハッピーリタイアメントのはずなんだけれど、やっぱり何か血潮がたぎるものがあるんでしょうね。

芹川 でも、私たちから見ると、最後に選挙に勝ったあとの1年は小泉さんは何もやってないという印象なんですよね。本来であればあそこで消費税の問題とか、いろいろやるべきことはあったはずなんですよ。

御厨　それはやらなければいけなかった。それから社会保障の改革だってそうです。これは当時でも待ったなしの状態になっていたのに、何もやっていない。要するにやる気がなかったんですよ。そこに入ってしまったら泥沼だとわかっているから、彼は逃げたんだと思うんですよ。

芹川　そういうところがあるから、いったいこの人は何なんだろうなって思うところがあるんですよね。

御厨　自分が本当に興味があるところがたまたま政策のうまい部分と重なると力が発揮できるけれども、そうでなければ彼はやらないんですよね。

芹川　小泉さんは政局屋だと思うんですよ。我々の言葉でいう政局屋。権力闘争を軸にして、ものごとを考え動かしていく人。それはたぶん小沢さんと一緒ではないかなと思うんですね。政策が軸ではない。

御厨　しかも、小沢さんよりもっと見事にやったんですね。

小沢さんは何だかんだと言っても自民党に最も勢力があったときの、黄金期の竹下派の中心にいたわけでしょう。竹下派の中心にいるということは、自民党の中心にいるということです。そして自民党の中心にいるということは、国対政治の中心にいたというわけです。

それで彼は、このままではダメだからと自民党を出た、と言っているけれども、常に彼はもういっぺん自民党に戻ろうかって思っている。あれはやはりいっぺん中心を経験してしまったからなんですね。しかしそれは小泉さんにはないんですよ。

小泉さんは中心にいたことがなくて、ずっとPeripheral（周辺）だった。だから壊す。でも小沢さんって、やっぱりそこを壊しきれないんですよ。だから自民党が弱ってしまうと、もういっぺん自自連立をやらないかとかっていくわけでしょう。

芹川 小沢さんは、常に自民党を割るとか、自民党に入り込むというかたちでやろうとしますね。

御厨 だからこのあいだ小沢さんに会ったときに、「自民党はどうでしたか?」と聞いたら、かなり肯定的に、「自分が思ったよりも自民党はしたたかな政党だったし、自分はやっぱり自民党にしてやられたな」という言い方をしながら、いやな顔をしていないわけですよ。

小沢さんは、あくまで自民党の存在を前提にした上での対抗政党を考えているわけです。同じように、小泉さんに、「どうしていまでも自民党は生き残っているんですか」と聞いたら、おそらく、「徹底的につぶしたのがよかったな」とか言うと思うんだよね。

もともとPeripheralから出たのか、それともまん真ん中から出たのかで、だいぶ違うと思う。壊し方も違うし。だから小泉さんのほうが非情なんですよ。だって一片の同情心もないんだから。

芹川　人間関係のつくり方もそうですものね。小泉さんとは、悪い人もいないけどいい人もいないみたいな感じですよね。小沢さんって、最初はいいんだけれど、悪くなるともうそれで終わり。

御厨　そこに基本的な違いがあると思うね。

政局屋と貴族政治の戦い

芹川　小泉さんが小沢さんと共通するところは、権力というか、政局というか、そういうところでものごとを判断して動くわけでしょう。

御厨さんの専門分野になるけれども、戦前にも小泉さんや小沢さんと同じような動き方をする政治家はいたんですか。

御厨　戦前の政党政治家の中でも、特に党人派と言われている人たちには、そういう人が多いですよね。

民政党で言えば安達謙蔵とか。戦前の鳩山一郎にもそういう面があったわけですよ。つまり、戦前も根回しがうまい政治家はいた。ただし当時は、政局屋であり、権力屋である人たちは、ある程度分をわきまえていたんですね。自分は表には出られないという意識があったわけです。

たとえば、安達謙蔵を総理にしようという人はいなかったんですよ。本人もそりゃあ無理だ、オレのこの顔でなれるか（笑）とか思うわけです。やはり経歴がちゃんとした人がなったほうがいいというような分別というか、これがあった。

戦前の内閣を見ても、政党総裁を見ても、結局は官僚からなった人が多いんですよね。濱口雄幸《おさち》もそうだし、若槻礼次郎もそう。犬養毅などは珍しいケースで、田中義一だって陸軍官僚ですからね。

けれども戦後民主主義というのはご承知のように、そうした分別がないところからスタートしています。田中角栄が代議士になれたのは、これは戦後憲法の精神の下だからですよ。戦前は馬喰の子は、政治を考えてはいけないなんて思われていたものです。政治というのは従うものだったわけでしょう。

だけど田中角栄は、自分もついに政治の世界に出られるのだというところからスタートしている。田中角栄も、完全なる政局屋ですから。

だから戦後史でも、吉田茂のアリストクラティック（貴族的）な政治というのは、そういう政局屋を排除したいと考えたわけです。彼が、吉田派の官僚をいっぱい世に出したというのは、要するに戦前からいた有象無象の政局屋が大嫌いだったからなんですね。

有り体に言えば、追放解除組が帰ってきたときに大喧嘩になるのは、古い人と新しい人の戦いという面もたしかにあるんだけれど、吉田から見たら政局屋たちが帰ってくるのは絶対に許し難かった。彼はそれを変えたかったわけです。ところが最後はそれに足をすくわれて、結局は造船疑惑で倒れるんだけれど。

ぼくの調べによると、なぜ吉田茂は本来総理大臣がいるべき首相官邸が嫌いで、目黒の、白金の外相公邸が好きだったかというと、官邸には常に政局屋が入り込んでいたからなんですね。昔の官邸は人がいっぱい入れたから。そこで、政局屋の連中がソファに寝たりして、「飯は出ないのか」なんて言ったりしていたそうなんですよ。それは吉田にとっては許し難い。

吉田茂元首相（共同通信社／アマナイメージズ）

一方、外相公邸のほうは、自分の差配で、自分の好きな麻生和子夫妻とか、白洲次郎らしか入れない。だからあそこが好きで行っていたわけでしょう。

彼が最後に解散だと言って、周りが、この期に及んで解散する総裁は除名だと言ったときに、要は辞表を書いて出ていったのは、みんな間違えているけれど、永田町の首相官邸じゃないんですよ。彼は白金の外相公邸から大磯に去っていったんです。

芹川 そして昭和29（1954）年12月10日に鳩山内閣が誕生する。

御厨 そうそう。政局屋みたいな連中におまえは首だとか、言われたくなかったわけですね。

芹川 緒方竹虎に言われるんでしょう。

御厨 そうですね。緒方に言われて、最後は池田勇人が、要するにもうこれしかないと言ったので、彼は受けたわけですね。

戦後政治の歴史もそういう点では、官僚たちを入れて、新しい血筋にしたかった吉田と政局屋との戦いであって、結局吉田は負けるわけですよ。鳩山一郎が帰ってきたときにはもうそういうことですからね。

芹川 いまの図式で言うと、宮澤喜一さんくらいまでは、そうした吉田的な流れがあって、それ以降は、政局屋のような人が出てくるわけですよね。

御厨 宮澤喜一の場合は非常にはっきりしていた。田中角栄が言った有名な言葉だけど、宮澤喜一は戦前の大命降下だったらとっくに総理大臣になっている、だけど戦後は数だと。数がとれないやつはなれないと。宮澤さんも最後には総理になったけれど、見事に自民党最後の総理になってしまった。

芹川 自民党の15代将軍ですからね。

御厨 そこからは政局屋である人たちがだんだんと総理になっているんだけど、これがやっぱり不十分、不完全なんですね。

なぜかというと、政局屋というのは、究極の意味で人を裏切れなきゃダメなんだよね。味方と見せておいて、バサっと切り捨てるようなところがないとできない。それをやれたのは大野伴睦《ばんぼく》とかせいぜい川島正次郎くらいでしょう。

渡辺恒雄さんが、政局屋としていちばんすごかったのは、川島正次郎さんだって。川島正次郎がポスト岸の総裁選で大野伴睦を途中で切り捨てるわけだから。大野が泣いていたという場面を盛んに、涙を振り絞って、自分も大野伴睦を好きだったからって芝居のようにやるんだよね。

芹川 バンちゃんですからね、ナベツネさんは。(笑)

御厨 川島正次郎はすごかったですよ。平然と裏切りができた。「江戸前フーシェ」と言われたわけですから。

芹川　いまそういう政治家はいないでしょうね。そういう人がいることがいいかどうかはともかく。

御厨　そういう政治家がいるのが、いいかどうかという問題でいくと、そんなのばっかりだったら困るんですよ、やっぱり。（笑）

ただし、川島がそういうやり方で、20人の派閥を率いていたように、小派閥の意味というものはあるんですね。そういうところは政局屋が政治を仕切ってくれるわけでしょう。官僚派閥というのはなかなか動きにくいから。

大派閥がいるところに小派閥がいて、あいだを動いて全体の調整をやってくれるから、戦後の政治はある時期、すごく柔軟だったんですよ。いまはそれがなくなっちゃったわけだから、政治の磁場が狭くなっていることは間違いないですよね。

人間不信に由来する？　異質な政治行動の背景

芹川　政局屋だったという小沢さんについては、彼の政策がいいという人がけっこういて、特に中小企業の経営者には、小沢ファンがものすごく多かったんですよ。

でも政治取材の現場で見ていると、これほど政策のない人はいないわけですね。常に権力闘争で動くわけでしょう。それが決して悪いこととは思わないのですが、権力闘争に政策の旗を立てている。むき身で権力闘争をしないのは、いいのかもしれないけれども、一皮剝けば全部権力闘争だという、そういう人ですよね。


御厨　彼が政策を言いたがっていたのは、竹下との違いを出したかったんですよね。小沢さんからすると、竹下って本当に政策がないということになる。あんなにバラまきをやってどうするのかということでしょう。

だから小沢さんは、自分には政策があると言いたかった。そのことが間違いないと言えるのは、いまから20年前になりますけれども、ぼくが最初に小沢さんの勉強会に呼ばれて行ったときにそういう感じだったからなんですよ。

余計な話ですけれども、『日本改造計画』を出版するときに、ぼくは小沢さんの歴史観を彼に成り代わって書くことになったんですね。それで、どういう内容がいいかという話になったときに、ぼくは暗殺された政治家をもってくるのがいいと言ったわけです。すると小沢さん、「オレを殺す気か」と言うから、「あなたも死ぬつもりでやりなさい」と言ったんですね。
そうして、西郷（隆盛）を選びたいという彼を説得して、大久保（利通）にしたの。大久保、伊藤（博文）、原（敬）ともってきたの。

芹川　それで、そのあと尊敬している人物は大久保と言いはじめるわけですね。

御厨　そう。でも、そののちにはやっぱり西郷だなとか言ってるんだけどね。（笑）
あのときは彼と不肖この私が理論闘争をして、ぼくは「西郷だったら、あなたもうすでに自分でハラを切って死んでなきゃならないですよ。やっぱり生き残らなきゃいけないです。そして暗殺されるのがいいんだ」と言ったわけです。
小沢さんも「なんかオレも殺されるということはあるかもな」と言うから、「そのほうが凄味が出るから、とにかく死んだ人の列伝にしましょう」と言って、あの本をつくったんですよ。これをちゃんと覚えておいてくださいよって。
だからあの本が出たときに、「小沢の歴史観はすばらしい」と書いた歴史学者がたくさんいたんだけれど、そういう評価になるのかと思ったけどね。（笑）

芹川　原敬はまた小沢さんと同じ岩手だしね、そうなりますよね。

小沢さんを見ていると、やっぱり人間的にすごく異質な人だと思うんですよ。一緒に三谷太一郎ゼミで1972年度の日本政治学会年報『「近衛新体制」の研究』を読んだ。

御厨　そう、近衛新体制の研究一緒にやったじゃない。

芹川　あの中で立教大の栗原彬先生が「近衛文麿のパーソナリティと新体制」という論文を書いているんですよ。私はそれを参考にして小沢論を書いたことがあるんですけれども、栗原先生の見方が小沢さんにぴたりと一致しているんです。

先生は心理学者のE・H・エリクソンのアイデンティティ論について書いておられるんですね。その中で、個人のパーソナリティの形成が政治家になってからの行動を左右するということが書いてあるわけですよ。個人的な生活史から政治スタイルができあがっていくのだけれども、まず影響を及ぼすのは母親、次が父親、つまり母性と父性です。

母性については、濃密な母子の関係があると、外との信頼関係につながる。母性が欠落すると、他者に対する不信感になりやすい。

父性については、父親との接触を通じて、自らを律する能力を学ぶ。だから父親が不在だと、わがままで自分の感情を抑える能力に欠ける。同時に父親にとっていい子であろうとすることで、服従の様式を植え付けやすいというんですね。
これを見て、目からウロコだったんですけれども、小沢さんの生い立ちを調べると孤独で気の毒で、母性と父性がいずれも欠けているのではないかと思ったんですね。

御厨　そうだとすると問題ありだね（笑）。そうか、問題ありに尽くしたわけだな。

芹川　他者への不信感があって、さらに自分への服従を求めるというところがあるわけですね。

御厨　やっぱり不信感なんだよね。

芹川　不信感ですね。彼の政治行動を見ていると、本当に人間不信のようなものが感じられるわけですよ。それが彼の凄味でもあり、また彼と人との距離感がどんどん広がってくる原因にもなるわけでしょう。

御厨　どんどん切って、切られて……。そして周りから人が少なくなっていく。そして誰もいなくなった。いま1人1党だものね。生活の党とはよく言ったね。小沢さんが生活するための党になっちゃった。（笑）

芹川　小沢さんという存在は、政治家研究としては面白いと思うんですけれども。

御厨 ただ、小沢政治を語っても、政治の豊かさというものは出てこないんだよなあ。ぼくは政治というものには、どこか豊穣な面がなければいけないと思うんですよ。

ところが、小泉を語っても小沢を語っても、政治が豊かであるという面がないんだよなあ。こういう政治家がいてくれたから、政治というのは多少はまともなものなんだと思わせなければいけないと思うんだけど、その面が2人ともない。

芹川 何かクールで、ぎりぎり切り刻んで、ということでしょうかね。

御厨 だから、ある時期は国民は喝采を送る。小気味いいことをやってくれていると思うから。でもね、それだけが政治ではないんだよね。

「政治の豊かさ」を体現した伊藤博文、池田勇人

芹川 そういう政治の豊かさということで言うと、明治以降を見ていて、誰がいますかね、豊かさを感じさせてくれる人は。

御厨 豊かさを実現しようとした人はいろいろいるけれども、国家の豊かさをとにかく実感したかったのはやはり伊藤博文ですよ。彼はそういう点では、あの時期の政治家にしては非

常に珍しく、目配り、気配りが良かったと思います。山縣（有朋）なんかよりはるかにいい。山縣は派閥政治ですからね。

芹川　さらに椿山荘ですしね。カネ絡みであやしげなところがありますよ。

御厨　そうそう。伊藤は女だからね、これは許せると。（笑）

それはともかく、大正期までくると、原敬などは、ある意味で党派政治というふうに見られてかわいそうだけれども、彼が実現しようとしていたのもある種の豊かな政治だったはずなんです。ただ原は総理になるのが遅すぎた。山縣と折衝しているあいだに、だんだん自分の考えも山縣と似てきてしまったというところがある。

やはり戦前の政治ということで言えば、伊藤、原という政友会の歴代総裁にはそういうところがあったとぼくは思います。

戦後については、あんまりみんなは言わないけれども、やはり池田勇人だと思いますね。彼の何が良かったかというと、政治が等身大になったわけですよ。つまり、偉い人が上から目線でものを言っているのではなくて、株価の数字ばかり気にしている変なおっさんが、総理になっちゃった。（笑）

大平正芳元首相（共同通信社／アマナイメージズ）

そして、みんなから、ゴルフはやるな、宴会政治はやるな、待合政治はやめろと言われて、それをかたくなに守った。基本的にあれを演出したのは大蔵省の前尾（繁三郎）や大平（正芳）以下のグループですからね。

その言われたことに乗っかったわけだけれども、それをやるのがこの国にとって幸せなんだと思っていた。池田は石の地蔵さんを集めるのが趣味で、そのお地蔵さんをながめて頭をなでたりしてという、なんだか微笑ましいというかばかばかしいというか、でもそういうのがあったわけですね。

その後の「三角大福（三木武夫、田中角栄、大平正芳、福田赳夫）」も豊かさというものを出したかったとは思うんだけれど、中でも大平と福田は豊かな政治をやった可能性がある。ところがあの2人が大激突でしょう。あれで自民党は損をしたと思いますね。2人とも政治については、それぞれの経綸はあったのですが、それは不幸ですよね。

中曽根さんはない。あれは政治屋の典型。中曽根さんの場合、ポリティクスを面白く見るためには参考になることはたくさんあるけれども、豊かな政治とは思えません。中曽根さんに言いたいのは、何度も回顧録を書き改めるなということ。そのたびに自分がどんどん偉くなってるんじゃないかと、もうたくさんだと。

芹川　あの人は、歴史はどうやってつくられるかを知ってますよね。要するに上書きですか。

ぼくは池田、大平の流れの宏池会《こうちかい》担当だったんです。大平総理番から政治記者が始まったんですよ。別に自分が担当したから言うわけではないけれども、大平さんというのはやっぱりいいものを目指したんですね。9つでしたっけ、政策研究グループだってね。田園都市構想とか環太平洋連帯、総合安全保障とか、いまにつながるものがいっぱいあるんですよね。

御厨　そう。返すがえすも残念でしたね。

芹川 池田についても、宏池会を担当してびっくりしたのは、池田さんのときにやった所得倍増の勉強会が、経済学者らで40年以上続いていたんですよ。米国大使館を道を隔てた自転車会館の5階にあった宏池会の事務所で、それも土曜日の午後にやっているんですよ。

そういう学問とか教養とかね、そういうことに対する謙虚な姿勢みたいなものがあるんですね。

御厨 いま宏池会のとらえ方を根本的に考えなおさなければいけないと思うのは、宏池会は経済政策であって、大蔵省がいてという、殿様集団だけど、政治的な思考についてはリベラルだという、判で押したような宏池会論があるけれども、それは加藤紘一がそういうふうな印象をバラまきすぎたのであって、それ以前の宏池会はそういう感じではないんですよね。やはり宏池会には、何となく、豊かな人が政治をやっているというところがあるから。

宏池会論は、もういっぺんきちんとやらなくちゃいけないと思うんですよ。あの派閥にあって、最終的にはどんどん削られていく部分というものを再現しておかないと、この国の政治がもうちょっと豊かであったという側面は出てこないんですよね。だから宏池会論は大事なんですよ。

いまはみんなが宏池会論というと、「リベラルじゃなくなりました」とか言って、ぎりぎりと、かつての宏池会の連中を締め上げているけれど、それはかわいそうなんですよね。

芹川　私などが思うのは池田であり、大平であり、宮澤。あの流れの思想と言えば、みんなで懐も心も豊かになりましょうということですからね。

御厨　ある程度、豊かでなければ、人間は精神的にも豊かにはなれないと思っていた人たちですからね。池田の時代にニューライトという言葉がはやったけれど、あのニューライトなんて、いまのリベラルよりもっと豊かな言葉だったと思うんですよ。

芹川　宮澤さんなんかはニューライトの代表選手みたいに言われていたんですよね。

御厨　ああいう時代の豊かさというか、政治というのはやっぱり権柄《けんぺい》ずくでいくのではなくて、ちょっと離れたところでやるくらいのほうがいいとか、そういう権力に対する抑制もあったわけです。

芹川　権力の行使は抑制的でなければいけないというのが、あの集団の基本的な考え方ですからね。

御厨　その考え方はものすごく強くあった。中曽根さんなんかは、それに対するコンプレックスがあるものだから、完全に宮澤をコケにしたわけだけどね。

芹川 権力はどんどん行使すればいいという感じですね。

御厨 むき出しの権力ですね。権力のためには、田中派でも何でもくっつくというね。あれはあれで1つの政治なんだけれども、自民党論をやると、どうしてもそちらの話ばかり出て、宏池会論は出てこないんですよ。

お公家集団とかいって、政治がわかってない連中が集まっている、ああ、あんなやつらも自民党にいたんだなといった話になるでしょう。

芹川 たしかに田中派が肉食動物で宏池会が草食動物と言われていましたからね。草食動物は食い殺されるというね。麻生さんなどは、自分は宏池会の直系だと思っておられますからね。ちょっと違うと思うけど。

御厨 全然違うと思う（笑）。でも麻生さんからすると、吉田の祖父さんが、宏池会の発祥の地だからそれをオレが継ぐのは当たり前だくらいの発想があるんでしょうね。

芹川 そうですよ。大変だったんです。池田行彦っていたじゃないですか。あの人、宏池会は池田の（義理の）お父さんがつくった派閥だから、自分が継ぐのが当然と思っていたんです。森田一さんだって岳父は大平さん。そういう人ばっかりいたわけですよ。

ニッポンの首相の類型分析

芹川　ところで、いまリーダー論になったところで、総理大臣の型というものがあるでしょう。たとえば、理念型の人がいますよね。安倍さんとか。安倍さんの場合、理念というかイデオロギー型かもしれないけれど。橋本さんなども理念型に近いんですかね。

御厨　近いと思いますね。

芹川　大平さんもその系統かもしれないですね。それから理念優先型の人に対して、竹下さんなどは調整型ですよね。調整型というと、小渕さんなんかもそうだろうし、村山（富市）さんは違うかな。

御厨　村山さんは違うなあ。

芹川　福田康夫さんもそうでしょう。

御厨　福田さんは調整型でしょう。

芹川　あとはもう1つ、突破型というかね。これは小泉さんとか中曽根さんでしょう。田中さんもそうですかね。

御厨 田中さんも突破型ですね。

芹川 そういういくつかの型があると思うのですが、それに対して民主党の鳩山さんみたいな支離滅裂型とかね。

御厨 それ面白いね。（笑）

芹川 それから、菅直人さんみたいな一点突破の全面自滅型とかね。（笑）

このように、総理大臣を類型化してみて、どれがいいとはもちろん言えないのですが、そのときどきにおいて望まれるリーダー像というものがあると思うんですね。

その意味では、戦後すぐ、成長期、バブルのあととか、時代に合ったリーダーと、時代とずれたリーダーっていると思うんですよね。そのあたりは御厨さんはどう見ていますか。

御厨 高度成長期の池田勇人という人は、やはり見事だったと思うんですよ。岸時代のぎすぎすした対立を全部捨象して、本来なら社会党が伸びると思われたところを、自民党が吸い取ったわけでしょう。あの当時社会党には構造改革派が出てきたのに、その構革派の理念が全部（社会党）左派によって否定されて、その構革派の持っていた理念はだいたい全部を自

池田勇人元首相（共同通信社／アマナイメージズ）

民党が吸い取ったんですよね。自民党は社会党が歩んでいく道の中で、取れるものは取っていった。

ある種の保守政治の豊かさを示した時代ということで言えば、ぼくは池田政治というのはもういっぺん見直されるべきだし、あれを単に高度経済成長の政治と見ると間違いであると思うんですよね。

ただ、なぜ、そうした見直しがあまり進まないかというと、池田政治というのは、資料が少ないんですよ。佐藤栄作のときのもののほうが多いわけです。何しろ佐藤自ら日記を残したから。池田なんか日記を書くような男じゃないじゃない。

芹川　あの人は文章は書かないです。字は書かない。

御厨　数字しかダメなの。

芹川　株価ですよ（笑）。宏池会の会長室には、いつも短波の市況放送が流れていたそうだから。

御厨　そう、株価だけ。宮澤喜一が、「池田さんというのは無粋な人だった」と言うんですよ。だから、「どういうところが無粋でしたか」と聞いたんですよ。池田さん、ふだんはチャンバラ映画しか観てないのに、「芸術映画を観たい」とか言って出かけていくんだって。それで、帰ってきたから、「どこが良かったですか」と聞いたら、「月に雲がかかっていたところ」。それチャンバラだろうって。（笑）

宮澤さんがそういう言い方をしていても、池田にはある種の親しまれ方があって、宮澤にしても周りにしても、池田のもとでなければ力を発揮できなかっただろうと思うんですよね。

そういう意味では、池田というのは1960年から64年のあの時期にはぴたっとはまった総理じゃないかな。

その次は、「栄ちゃんと呼ばれたい」と言った佐藤栄作もそうありたいと思ったんだろうけれども、やっぱり池田政治が実現してしまったものは、佐藤にはできない。そうして彼の場合は、沖縄返還というのを掲げたわけですよ。沖縄は返ってきて本当によかったんだけれど、そこで相当の無理をしていますよね。アメリカに対しても無理しているし、国内に対してもいろいろ密約等々ということもあって。だからそのあたりでは、ちょっと翳りがあったかとは思いますけどね。

そして、時代とフィットしていなかったのは田中角栄でしょう。あそこは完全に田中と福田の順番の掛け違え。福田のほうが先がよかったですね。福田が先になったら、自分の芽はないと思った田中角栄がやって、それで土地バブルを引き起こしたわけだから。

芹川　歴史は皮肉ですね。

そういうことで言うと、期間が短いのでこの20年くらいは言えないのかもしれないですけれども、小泉さんとか、その前の橋本さん。そこはどうですか。

御厨　5大改革とか言って、その中で行政改革を始めたのは橋本さんでしょう。橋本という人は最後に人事で失敗しなかったら、もう少しがんばれたと思うんですよね。人事で佐藤孝行を入れて、あれは大失敗でしょう。

佐藤栄作元首相（共同通信社／アマナイメージズ）

芹川　あれ中曽根さんに言われたんですよ。
御厨　そうそう、それで入れてね。大失敗した。橋本が悪かったんだと言われれば、それまでだけど。
芹川　橋本さんというのは時代に合っているという面はあったと。
御厨　あったと思う。行革をつかんだというのは大きいんですよ。

あのときの行革があったから、小泉さんはその上に乗っかったわけでしょう。ある種の方向性をあそこでつくったから。橋本という人は晩年が不幸だったからね。派閥の会長に戻ったり、もういっぺん総理になろうとか考えなければよかったんだけれど。それで損はしていますけど、90年代の政治の中で唯一橋本はいいですよ。

芹川　細川さんはどうですか。

御厨　スタイルは面白かったけどね。彼がということではないけれども、あれによって自民党もとにかくいったんは下野したという点で、一定の効果というのはあるとは思う。だけど、細川さんが良かったとは思わないなあ。

芹川　そうですね。でもあのときもうちょっと――細川さんでなくてもいいんですけど、小沢さんかもしれませんけど――非自民政権ががんばって、それこそ予算編成をもう1回か2回自民党にやらせなければ、自民党はもっと早く崩れていて、日本の政治のかたちは90年代に転換があったのではないかと思うんですよ。

御厨　それはあったと思いますよ。だけどあれはやっぱり長続きしないのと、それからよく言われているように、その後の羽田《はた》（孜《つとむ》）政権で社会党を離反させて、どんどん破滅への道だものね。

村山政権というのはそういう意味で言うと、一種の追憶の政権ですね。社会党はあれでつぶれるわけですから。そういう点ではあまりぼくは評価しませんが。

芹川 でも社会党をつぶしたという意味はあるんですね、村山政権。

御厨 野中広務さんがそれを言ってました。このあいだ話したときに、「いやあ村山政権は良かった」と言うから、「何が良かったんですか」と聞いたら、「何でもかんでも、自分の言うことを呑んでくれて、それで最後は党をつぶしちゃった」。それはジョークなんじゃないって。(笑)

幕引き官房長官が見た、権力が消える瞬間

芹川 リーダー論というと、もう1つ、ぜひ聞きたいことがあって、官房長官論ですよね。

御厨 それは大事ですね。

芹川 官房長官もまた類型化して私見を言わせてもらうと、いわゆる側近タイプがありますよね。大平さんのときの伊東正義さんとか、竹下さんのときの小渕恵三さん。野田さんのときの藤村修さんもそうでしょうね。そういう側近型ともう1つは、実力型というか。たとえ

ば中曽根さんのときの後藤田正晴さん。

御厨　完全にそうだ。

芹川　橋龍さんのときの梶山静六さん。

御厨　小渕さんのときの野中広務さん。

芹川　菅さんのときの仙谷由人さんもそうかもしれないですね。実力型と言えるかどうかちょっと、あれですが……。

御厨　入れておきましょう。仙谷さんのために。（笑）

芹川　側近タイプと実力派タイプとありますと、側近タイプは尽くして、実力家タイプはもちろん仕切るんですけれども、官房長官をやると、なぜかみんな自分も総理と思いはじめる人が出てきますよね。

御厨　そうですね、梶山さんも。

芹川　小泉さんの下の福田さんもそうですね。仙谷さんなんかもそうだったと思うんですよ。いま何となく永田町界隈で思われているのが、菅（義偉）さんは安倍さんの側近型なんだけれど、その人がいま仕切っていますからね。その意味では実力者型というか、そっちのほうに意欲を示してくるのではないかという見方ですね。

それは横に置いておいても、総理と官房長官の関係と、官房長官の仕切りというのが政権運営にとってものすごく大きな意味を持っているし、とりわけ橋本行革以降は官房長官の力がたいへん大きくなっていますよね。そのあたりをどう見ているかも聞きたいのですが。

御厨 芹川さんが言ったことの中でもう1つ言っておくと、たとえば側近型とは言っても、さらに総理同体型というのがあると思うんですね。総理のためなら尽くしきる。田中のときの二階堂進。それから三木のときの井出一太郎。

こういうタイプも昔はいたんですよ。この人たちは総理になろうなんて夢にも思わない。二階堂は最後は総理の夢を見たけれども、官房長官でいるときからふつふつと野心が、ということはないわけです。総理同体タイプというのは尽くしきるわけね。世話女房型というか、それが1つあったわけですが、このタイプはもういまなくなった。壊滅です。

その次に言った実力者型というのは、もともと危ないわけです。だって、官房長官をやるというときに、すでに「オレのほうが派閥の長でもいいんだ」と思っているような人がいるわけだから。

では、なぜそう思うようになってしまうのかというのがあります。それは、総理の代わりをやるからということもありますが、自分に情報が集まってくるからということなんです。自分に情報が集まってくるのを、官房長官という職位にあるからだと思っているうちは謙虚でいいのですが、そのうち、「自分が実力で集めている」と思うようになるわけですよ。人間は絶対にそうなるんですね。

そうすると、「自分が官房長官なんかをやっているのはおかしいんじゃないか、もう少し上の地位に就いたら、もっと自分のところに情報がくるのではないか」と思うわけでしょう。ところがそうではないんですよね。あくまでも官房長官という職位に集まってくるんですよ。それをきちんと最後まで冷静に了解できるかは大きいわけです。だって仙谷さんだって、ちょっとその勘違いがありましたからね。

菅（義偉）さんに関して言えば、官房長官に就くまでにそれほどいろいろなポストをやっていませんから、なかなか微妙なんですよね。彼は総務大臣の1期だけでしょう。その次に官房長官となると、まだ官房長官という職務の中で、埋もれていると思うんですよね。だから、官房長官としても自立化していない。それゆえにやれている。いまのところはしばらく大丈夫だと思いますよ。

梶山なんかは大いなる勘違いだよね。

芹川 そうでしょうね。そんな気がしますね。たしかに指摘のとおり情報が集まるんですね。

御厨 情報が集まる。いい情報も悪い情報も集まります。

芹川 政治って情報産業ですものね。

御厨 絶対にそうです。官房長官には総理大臣より集まると思いますよ。総理に言えないようなことが官房長官にいくわけだから。

芹川 総理大臣には、ろ過した情報が上がっていくわけですね。

御厨 だから総理のほうにはだんだんいい情報が来なくなるわけです。本当に利口な総理はそういう官房長官をずっとは置いておかないんですね。代える。だから福田（赳夫）さんがそうだったでしょう。園田（直《すなお》）から安倍（晋太郎）にしたでしょう。あれは間違いなく園田に二心ありと見て切ったわけですからね。あれもまた露骨で、我々にも見えてしまった。

官房長官としての役割から言うと、いちばん面白いのは竹下ですよ。佐藤内閣の幕引きをやり、田中内閣の幕引きをやった。

竹下さんがどういう意識で官房長官を務めたかというのは、最後まで気になりましたね。彼が「私は幕引き官房長官」だって、運命のように言うんだもの。竹下さんにそんな知恵はないと言う人もいるけど、そんなことはない、政権が落日のときを全部見ているわけだから。

政権仕舞いをどのようにするかというのを竹下さんはずっと見ていたと思うんですね。だから竹下政権が一種ののたれ死にするときには、あれだけの代償を払うことができたんです。つまり消費税もあのときに通したわけでしょう。消費税を通して、予算を通して、そして自分は辞めるという決断ができたのは、幕引き官房長官をやっていたからなんですよ。彼は2度の官房長官の経験から、「権力は最後にはどこが弱っていって、でも残っている権力でどれだけ取引ができるのか」が、たぶんわかったんだと思うんです。

芹川　ＡＳＥＡＮも行ったんじゃないかな。退陣表明をしたあとに外遊しませんでしたっけ?

御厨　そう、最後に行ったんですよ。

芹川　そういうことまでやっているんですね。なるほど、それを見ているわけですね。

御厨　だからあの人の怖さというのは、権力が潰《つい》えて切れるとき、権力の終わるときを見ていたからということが大きいわけです。

芹川 安倍晋三さんが言っていましたけれども、自分が総理を辞めていろいろな人を見た、同じように自分のおやじが病気になって、亡くなっていくときに、人がどう離れていくかを見た、とね。集まりきたりて……。

御厨 人は去るという。

芹川 政治の面白さと言うとなんですけれど、人間の生の姿が見えるんですよね。

御厨 そこを竹下さんは冷静に見ていると思う。あの人の怖さはそれですよ。

芹川 ぼくもなぜ政治記者を長くやっているか、面白いかというと、人間が見られるからなんですよね。これほど面白い人間観察の場所はないです。それを自分の生活に生かせるかどうかはまた別の話なんですけど。

御厨 それはダメだと思う。それはやっぱり盆栽と同じで見て楽しむものだから、自分が盆栽になっちゃダメだよ。（笑）

構想力なきリーダーに人はついていかない

芹川 リーダー論の最後に、政治指導者というのはいかにあるべきかを聞きたいですよね。

私も調べたんですが、しばしば引用されるマキャベリは、『君主論』で、君主は獰猛きわまりない獅子であると同時に、狡猾きわまりない狐でもありと言うんですね。マックス・ウェーバーは、『職業としての政治』の中で、政治家にとって、情熱、責任感、判断力の三つがとても重要であると。リチャード・ニクソンは、『指導者とは』の中で、偉大な政治指導者は洞察力と先見力と大胆と意思の強さがなければならない、運もいると。何よりも決断力が必要だと。

さらにこれらに中曽根康弘さんをつけ加えますと、リーダーの3条件は、説得力、統合力、目測力だと。（笑）

御厨　目測力というのは当たってますよ。だって、中曽根さんにあるのは目測力だけだから。（笑）

芹川　このように、もろもろありますよね。

御厨　政治家にとっていちばん必要なのは、何なのか。いろいろな力が必要だと思うけれども、普通の官僚とかサラリーマンとか、会社経営者とは違って、いちばん政治家に必要なのは将来に対する「構想力」ですよ。

自分だけではなくて、自分たちが進んでいく政治という世界が、最終的にどういうふうに向こうに見えてくるか。水平線の向こうに見えてくる政治像がどう浮かんでくるか。その将来の構想だと思いますね。

この構想力があれば、その中で自分がどこにいるべきか、その理想に向けてどういうことをやったらいいかということが出てきますから。

先ほどいろいろ出てきた政治家の型のような話は、すべてそこに入るんですよ。やはり構想力のない政治家はダメです。これはまったくダメ。と、ぼくは思います。構想力に惹かれてみんながついていくんですから。

第三章

政党論

それでも絶対に不可欠なもの

自民党2・0への移行プロセス

芹川　ここでは、政党論ということで、まずは現在の自民党をどう見るかについて、私から話をしたいと思います。

見出し風に言うと、いまは「自民党2・0」、つまりバージョン2ではないかと考えているんです。以前のバージョン1の自民党から、いまの2・0へと自民党の変質を促している制度的要因は2つあると思います。

まず1つは、1990年代前半に、小選挙区制、政治資金規制、政党交付金という政治改革の3点セットが導入されたこと。実際に選挙が行われたのは96年からですが、あれから6回の選挙を経て、20年ほどたったことになります。

もう1つは橋本行革。2001年の省庁再編から10年少し経過して、政府与党のかたちが変わった。

この2つの制度変更が自民党を変えるきっかけになったというのが、私の見方です。

そして、変化の分岐点となるのが、2005年の小泉郵政解散です。小泉（純一郎）さんは自民党をぶっ壊すと言って、１９５５年から50年間続いた「自民党１・０」を本当に壊しました。さらに２０１２年に政権復帰したあたりから、自民党は２・０という方向に向かって動いているのではないでしょうか。

では１・０と２・０の違いは何か。これは３つ挙げられると思います。

１つは派閥連合体から議員の集合体になったのではないかということ。これまでも話に出ましたが、小泉さんの５年５カ月によって派閥が完全に壊れました。

派閥が壊れて、いまどこが（党内を）グリップしているかというと、党執行部です。執行部がグリップすることによって議員集合体になりました。これは候補者選定などで、議員の生殺与奪権を執行部が握っているということです。お金の面でも、現在の自民党で年間１５０億円ほどの政党交付金がありますが、これを配分できる党の執行部が圧倒的な影響力を持っています。

こうした流れをつくったきっかけは、小選挙区を導入した公職選挙法改正と、政治資金規制を厳しくした政治資金規正法改正、政党助成法による政党交付金だと思います。

２つ目は、自民党１・０では党の政策決定はボトムアップだったのが、「官高党低」となって、党が政策の追認機関に向かっているのではないかということ。自民党には各省庁に対応した政調部会（政務調査会の部会）があります。そこが政・官・業のトライアングルの舞台となって、いわゆる「族議員」が存在していました。

政調部会が政策を仕切って、部会から政調審議会、そして党の最高意思決定機関である総務会へと（案件が）上がっていく。このような流れで下から積み上げてものごとが決まる仕組みだったわけです。

この仕組み自体は、もちろん現在も続いているのですが、実態として「官高党低」に変わる制度的なきっかけは橋本行革だったのではないでしょうか。２００１年からの中央省庁再編は、首相のリーダーシップによる内閣機能の強化をねらったものです。その仕組みを「官邸主導」というかたちでうまく使ったのが小泉さん。

民主党政権もそれを受けて、政治主導というか、政治家主導と言ってもいいほどに、政務三役（大臣、副大臣、政務官）が中心になって、内閣主導のかたちを定着させてきたのではないかと思います。

いま安倍内閣を見ても、官房長官が中心になって関係閣僚を束ね、政策調整を進めて党に下ろしていきます。各省の調整がどのように行われているのか、いろいろ話を聞くと、「官邸の意向」がしばしば言及されるようです。それが本当に官邸の意向かどうかはわからないようですが。

御厨　そういうのはよくありますね。ドンのいるメディアだと「ドンの意向」とかね。本当にそうかはわからない。（笑）

芹川　官邸の意向によってものごとが決まっていく背景には、党の側でも中選挙区のときに生まれた自民党1・0の議員が減ってきていることがあります。

つまり、世代交代が進み、政策のプロが減って、政治家がアマチュア化しているところがあるわけですね。2005年の衆議院選挙では、自民党では83人の新人が誕生し、12年の選挙では119人。出入りが激しいために、非正規雇用議員のような政治家が生まれています。

たしかに「族議員」は批判されてきましたけれども、農林族や社労族といった非常に専門性の高い議員がいました。これもみんな世代交代をして、良くも悪くも政策を仕切るボス的な議員が姿を消したのだと思います。そのため、下から積み上げるボトムアップ型の政策決定をやりたくても、なかなかできないというのが実情でしょう。

3つ目は、自民党は現世利益追求型の政党だったと思うのですが、保守の理念追求型の政党に向かって動いているのではないかということです。

自民党1・0の時代には、米ソ冷戦構造があり、さらに右肩上がりの経済があったわけです。これを背景に、自民党は国内で利益の分配をする政党として成り立っていました。

ところが、いまは財政難で、少子高齢化も進んでいる。それもあって、かつてのお家芸だった利益分配ができない。むしろ負担の分配を余儀なくされているのですが、それがうまくいかない。つまり、現世利益を求めることができないがために、イデオロギーでまとめていくしかないのでは、ということです。

御厨さんがかつて『ニヒリズムの宰相小泉純一郎論』で「自民党というのはキャッチ・オール・パーティー（包括政党）で、保守という一点でまとまっている」ということを書いていたのを読んだ記憶があります。まさにその「保守の理念」という一点が、どんどん強くなってきているのではないでしょうか。

失われた20年とか、15年デフレと言われるように、日本は国力が低下して右肩下がりの経済になりました。世界は、Gゼロというか、覇権国家がないという見方もある一方で、米中のG2とも言われるようになりました。

ポスト冷戦の時代に、グローバル化が進む中、結果として中国の影響力がものすごく強くなってきました。これは日本を取り巻く東アジアの環境が、大きく変わってきたということです。

そういう状況にあって、自民党内では、復古主義、愛国保守のような機運が強まってきています。リベラル派と言われた宏池会や田中派の人たちは、主に現世利益追求型としてやってきた。一方で党内には保守の理念追求型、つまり岸、福田と続いた清和会の流れがあって、この人たちがいま第一派閥になっています。

これは何を意味しているのか。大げさな言い方かもしれませんが、世界史的な流れの中で、現世利益を追求できなくなったことによって、必然として保守の理念でまとめていくというイデオロギー性がますます強くなっていくのではないかということです。

ただ自民党2・0として、新たなガバナンスを確立しなければなりませんが、どうやって（党を）うまく統治していくのかがまだ固まっていない。そういう意味で、自民党は、1・0から2・0への移行期、模索期にあるのではないか、というのが私の見方です。

党首だけがグローバル化する政党の歪み

御厨 それでは、私は違う観点から話をしましょう。最近の日本の政権について、海外のメディアがどう報道するのか。これは私の同僚たる牧原出《いづる》さんからの受け売りですが、安倍政権になってから顕著になったことが1つあります。

これまでは日本の政権について海外の新聞が報道するときは、「ジャパン（Japan）」が主語でした。かなり昔は、「ジャパン」という表現が使われ、「ジャパンがこう言った」となりました。

そして次に、ＬＤＰ（Liberal Democratic Party）、つまり「自民党がこう言った」となって、民主党政権の際も、「ＤＰＪ（Democratic Party of Japan）がこう言った」と表現された。

ところが、今回、安倍さんが首相になって画期的に変わったのは、すべて「Ａｂｅ」という表現になったんですね。つまり「アベがこう言った（Abe said）」と書かれるようになった。

これはある意味でのグローバル化の達成でもあります。以前から海外の国に関しては、みな「プーチンは……」とか、「オバマは……」のように、大統領の名前が使われていましたから。

ところが、日本だけがLDPと表現されていた。これは、やはり海外のメディアは、個性のない指導者が日本を牽引していると敏感に察知してきたからです。たとえば小泉さんの時代であっても、「小泉が言った」とは書かれずに、やはり「LDPが……」だったんですね。

そういう意味において日本は政治複合体であって、誰か1人が強いわけではないと思われていたのが、今回から違う。この前、別の席でいろいろな人と話をしたときも、「アベというのは、外国人にも言いやすいからじゃないか」ということにもなりましたが(笑)、それだけではないだろうと。

我々日本人からすれば、「自民党の復活」だから、また「LDP……」となってもいいはずなのに、そうはならず、アベという言い方をされる。これは、いい意味でも悪い意味でも、世界のメディアから見たときに、安倍さんがこれまでとは違ってヨーロッパやアメリカの政治指導者と同じように、1つの個性のある指導者として受け取られているということです。

これは芹川さんの議論とも関係するわけで、安倍さんが保守色なり、イデオロギー色なりいうものを背負っていますから。そうすると、バージョン2と言われることもすごくよくわかる。

一方で、芹川さんが言ったように、バージョン2への過渡期であるというのも確かです。いまの動きは、(個人としての)安倍色を強く出すのか、あるいは安倍LDPとするのか、まだ考えようがある、という段階だろうと思うんです。

もう1つ、自民党を組織的に見ていく場合に言及しなければならないのは、「世代論」の問題です。芹川さんが、ある意味「自民党の世代論」として語ったのと同じように、見ている側、つまり我々研究者やジャーナリストの側の世代論というのもあるわけです。

ぼくらの世代は、自民党黄金時代というか、1党優位の時代を生き抜いてきたわけで、(研究者としても)「政党」については、自民党しか見えていませんでした。

だから政党を研究するとなったら、イコール自民党政権の研究であって、誰も社会党なんて見ていなかった。当時、「社会党を研究する」なんて言うやつがいると、みんなで、「つまらないから、おやめなさい。自民党は、それぞれの派閥が1つの政党みたいなものだから、こちらのほうが面白いよ」と寄ってたかって止めた覚えがあります。

それでも、「いや、ぼくは野党として一生懸命がんばっている社会党を研究したい」なんて言うと、「あいつ、おかしいんじゃないか。社会党なんか研究しても何も出てこないのに」と話していました。事実、言うとおりにやらせてみると、そのうち息切れがして、「先輩、やっぱりつまんないです」って。（笑）

まあ、これは笑い話なんだけれど、つまり我々は自民党しか見てこなかったんですね。自民党の中で何が起きて、自民党政権の中で何が起きるか。そういう視点でしか見てこなかった。

ところが、細川政権ができたときに、みんなが驚いたのと同じように、我々研究者も「あ、自民党って、こうやって政権からすべり落ちるんだ」と驚いたわけです。この時点から、「政党の類型にはいろいろなものがあって、自民党自身も分裂したり、変わったりする」というように、我々の政党を見る目も広がったわけです。

そういう中で、総裁が強くなって、幹事長と一体化して金を配る……といった事態が政治改革によって起こってきた。

小沢（一郎）さんが今日に至るまで生き残れるのも、自分がつくった政党交付金のおかげでしょう。その政党に何人か（国会議員が）いれば生き延びられるという状況にしたわけです。いったん政治家になると、しばらくは政党交付金で生きられるという共同体も含めて、与野党というものをすべて見るような状況になったわけです。

そうなったときに、我々から組織のほうを見ると、個性的な政治指導者が減った。安倍さんが総裁になる前の自民党では――バージョン2までの過渡期だろうとは思うけれども――保守の理念といっても、「理念って何ですか」といったところがあった。

典型的なのは、民主党政権の3年間に自民党総裁だった谷垣禎一さんで、民主党への政権交代の際に、「これから自民党はどうなるのか」と聞かれて、彼は総裁として、「保守の理念を追求する。保守主義とは何かを考え直さなくてはいけない」と言いました。

ところがリベラルの谷垣さんには、保守の概念とは何か、保守主義とは何かを規定することはできなかったわけです。

そしていま――いいか悪いかは別として――安倍さんは、靖国参拝などいろいろな問題で、自分の身体でもって「保守の理念」を体現しているようなところがある。日本と中国、韓国とのあいだの冷たい関係も、実利の問題というより、明らかにイデオロギーの問題が反映されています。

実利の面で考えれば、中韓とは仲良くしたほうがいいに決まっている。けれども、それをやらない。（中国大使だった）丹羽宇一郎さんも、このままでは中国ビジネスは凍結されると憂いています。逆に、そういう状況にあるがために、海外メディアは、「アベが……」と書くような状況になるわけです。

同時に、なぜ安倍さんが海外にしょっちゅう行くのか。これは推測だけれども、これまでの総理大臣のように、「LDPの総裁が来た」ではなく、「アベ」として注目されて、それなりの待遇を受けるからだと思います。

彼が行きたがるのは、海外では「アベ」として注目されるところ、国内では自らと近いイデオロギーを持った人たちのところ。どちらも狭いけれど、特に国内は狭い。ぼくからすると、「安倍さんって、ちょっと……」と思うのだけれど、その「ちょっと……」の部分が意外にもウケている。そこがたぶん（指導者の顔が見える、という意味で）グローバル化というものに安倍さんが意外に適応しているところだろうと思うんです。

ただ問題なのは、いまのところグローバル化に適応しているのは安倍さんだけであって、党のほうは全然適応していないということです。

だからこれからの自民党を考える場合、(安倍さん以外の)残りの自民党の組織論をどう見ていくのかが重要です。言われたように、選挙があると、毎回新人議員が100人くらい現れ、政権交代があれば、どっと落ちるわけでしょう。そうすると党としては、政治家を長期的に育てていくという展望を失うわけです。

かつては派閥があって、しかもそこにキャリアパスがあった。4年たったら何になれるか、5年たったらどうかというヒエラルキーができていて、そこをみんなが上がっていけると信じていたから安心していた。けれども、もうそういうキャリアパスがないわけですからね。

キャリアパスがないという状態だから、いまの政権にみんなが執着せざるを得ない。だから党の未来、党の将来が予測できるような体制にしない限り、おそらく自民党は本当の「バージョン2」になることはできません。「現在」しかない政党ってやっぱり変なんです。政党というものは、常に将来を見なくてはいけないものですから。

つまり、芹川さんの論点整理に乗ると、まだ2・0までは至っていなくて、グローバル化した総裁というのは——これもいい悪いは別として——安倍総理が先に抜きんでて存在しているという状況にあると思います。

自民はイデオロギー党と利益党に分裂する

芹川　いまの話の延長線上でいくと、おそらく最も大きい問題は、人の養成機能がないということでしょうね。どうリーダーを養成するか。それはかつて派閥にあった機能で、派閥を壊したことによって、党で養成しなければいけないのに、どんどん人が入れ替わるからできない。族議員には、もちろんものすごく大きな問題があるけれども、一方で、族議員にあった政府に対するチェック機能のようなものがなくなってきていますよね。

御厨　だから先ほど言われたように「官高党低」になるわけです。自民党のほうから何か文句を言おうと思っても言えないんだから。文句を言ったって、官邸からすれば、「そう？」ってなもんですよ。「じゃあ本気でやるの？」と言われたときに、仕切る力がないから、ビビると思うんですよね。

昔の自民党には、（党税調会長だった）山中貞則みたいな、とんでもないおじさんがいて、壁が響くくらいの大声で怒鳴ったりしていた。そういう人がいなくなっちゃったんだね。

芹川　我々新聞記者にわざわざ聞こえるように怒鳴る人がいましたからね（笑）。自民党の総務会では部屋の外で聞き耳を立てている新聞記者のほうに向かってしゃべるとか……。そんな人が昔はいましたけど、いまはたしかにいないですね。

御厨　昔はありましたよね。総務会では、（党の方針への）反対者が出口のそばに陣取っていて、最初はわーわー騒いで灰皿なんか投げたりしていた。そして、いよいよ採決となったら、反対者は1人去り2人去りして、結局は全会一致で決まったとか。ああいうことがもうないわけですよ。あれを壊したのは小泉さん。

芹川　（反対の人が）急におなかが痛くなったり、トイレに行きたくなるんですよね。そうしていなくなっているうちに、なぜか全会一致になっているという……。あのやり方はなかなかできません。

御厨　ガス抜きはしていたわけですよ。ぼくが自民党を取材したとき、古手の女性職員に、「どうしてアルミの灰皿がボコボコになっているんですか」って聞いたんですよ。そうしたら、「それは議員が投げるからよ。だから絶対にクリスタルガラスの灰皿なんか置いたらダメなのよ。投げたら重症を負うから」って（笑）。そういう知恵を自民党はよく知っているんですよ。

芹川 ある意味、自民党はすばらしいなと思ったのは、どうやって全会一致にするかといった、日本の村社会の意思決定モデルを踏襲しているところでした。長老支配とも言われるけれど、年功で運営していくことなど村社会のモデルですよね。それは、おそらく日本の原モデルみたいなもので、自民党だけでなく、労働組合なども同じなんですよね。

御厨 そう、同じなんだよ。

芹川 ぼくらは社会科の教科書で（民主主義は）多数決だと教わったけれども、政治記者になってびっくりしたのは、多数決なんかほとんどないわけです。全会一致なんですね。「教科書で教わったことは、いったいどこへいったんだろう」と思ったのですが、たしかに全会一致をどうつくるかが日本的政治の技だったわけでしょう。

御厨 数の上で、はっきりと負けは負け、勝ちは勝ちとやったらしこりが残る。
　少し脱線しますが、日本人のものの考え方という点で同じなのは裁判です。裁判も日本では和解のほうがいい。はっきり勝ち負けを決めると、勝ったほうにも「こんな勝ち方なのか」

と不満が残る。負けたほうはもっと怒るわけですから。

だから高等裁判所で和解が多いのは、結局、どちらが勝ったか負けたかわからなくするためでしょう。そして両方とも納得する。これがコンセンサス社会の1つのあり方ですね。だから裁判の和解と自民党の全会一致は同じなんです。

芹川 それから、「一任」というのもありますね。これもよくわからないけれども。

御厨 その一任がどういうものか、全然わからなかったのが民主党でしょう。だから消費税であれだけもめた。一任と言ったのに、次の日になると、まったく違うことになってしまう。訳がわからないわけですよ。(笑)

芹川 あれは未熟だったんですよね。決まったら従います、というのが一任ですね。

御厨 一任というのは、文句は言わないのよ。それが前の日は一任だったのに、次の日になってまた元気が出てきたから……って、それではことが決まらないわけですよ。

芹川 これまでの話のように総理大臣がグローバル化の中で動いているとして、その一方で、党がある種、ナショナリズムを追う。本来、政治というか、政党の役割は、ナショナリズムをいかに管理するかだと私は思っているのですが、政党がナショナリズムを煽る方向へ動いているのではないか、という気がしてなりません。

これは政党がグローバル化できていないことによるのかなとも思うのですが、グローバル化とナショナリズムの問題について、政党という単位ではどう考えたらいいんでしょうかね。

御厨　グローバル化については、政党がはるかに遅れています。党が政策決定をできなくなって、安全保障と外交はいま全部官邸でやっているわけでしょう。これ自体異例なことであって、昔は自民党の外交調査会長がいて、この人たちがものを言ったわけですが、いまそんなものは何もないという状況です。

しかも、現在の政権は外務大臣も防衛大臣もどちらも軽量級だから、すべて官邸が統括することになります。現在の安倍官邸が持っているような機能は、昔は党と官邸とで共有していたのですが、完全に党の機能を切ってしまったわけです。そのほうが能率はいい。それに官邸では政治家の下に官僚がいてくれるから、彼らの知恵もすぐに吸い取ることができる。

そうそう、「官高党低」の現れとして、高村《こうむら》正彦副総裁がいます。彼は、外交担当の副総裁なんですよ。官邸と連携して外交を担当しているわけ。副総裁の存在のコペルニクス的転回です。本来は内部の党内の調整役が副総裁の仕事でした。高村さんはそんな調整なんかしません。

こうして「官高党低」でうまくいっているから、党は本当にがら空きになっていきます。けれど、それは非常に危険なんです。党ががら空きになるということは、党の足腰がなくなるということです。官邸にはもともと足腰はありません。

外交に限らず、党の足腰がなくなるということは、つまり安倍政権が何をやっているかは見えても、我々が投票した「うちの議員さん」は何をしているのかがわからないということです。そして、後援会や圧力団体もつぶれてしまっているので、各府県に戻っても、自民党議員も何をやればいいかというマニュアルがなくなっている。

そうなったときに、これから自民党はどうやって一人ひとりの有権者をつかまえていかなければいけないか。それが昔は利益によってだったけれども、いまはそれほど利益配分ができない。そうすると、芹川流の話にかぶせて言えば、ナショナリズムによって有権者をつかまえるのであり、ある種のイデオロギー、ある種の理念を追求していく可能性があるわけです。すでに党首が先にそっちへ向かっていますが。

一方で、これからは党も府県別に大きく変わってくると思います。「やはりうちは、まだまだ道路つくらなきゃいけないから、利益配分を重視する」「こちらは、理念でいく」といったような分業分権がおそらくされていくと思います。

芹川　都市部は理念型になるけど、地方はまだ旧来の型なんですね。

御厨　そうです。中堅都市あたりが最もナショナリスティック（国家主義的）になるかもしれない。こうした動きがはっきりしてくると、よほどうまく統合しない限り、自民党はイデオロギー党と利益党に分裂するということです。

いま民主党はつぶれそうだけれど、代わりになる政党が、自民党の分裂から生まれてくるかもしれません。

芹川　その可能性があるわけですね。

御厨　自民党が十分にバージョン2にならない限り、分裂はありませんが、バージョン2になった瞬間に分裂の可能性が出てくるわけです。それまでは、いまの自民党は安泰と言ってもいいでしょう。

芹川　1と2のあいだの1・5でいるあいだは、そうでしょうね。

御厨　そう。いままさにそうですね。

自民党長期政権が終わったのは、竹下政権が短すぎたから

芹川　過去を振り返って、自民党の長期政権はなぜ終わったのか。御厨さんもいろいろ研究されていると思う分野ですが、これはどう見ていますか。

御厨　政治家について言えば、「三角大福中（三木武夫、田中角栄、大平正芳、福田赳夫、中曽根康弘）」まできたところで、後継の総裁候補が異様に減りました。

中曽根さんが総理のころには、「安竹宮（安倍晋太郎、竹下登、宮澤喜一）」と呼ばれた3人しかいなかった。しかも当時の自民党が描いていた構図は、安竹の10年で90年代を乗り切るというものでした。

つまり中曽根さんが5年総理をやったんだから、どちらが先かは別として、安竹の2人に10年やってもらって、宮澤さんにはやらせない。宮澤さんは3人の中で、いちばんの年寄りだから、そのうちにもうじいさんになっちゃうだろうと。（笑）

ところがリクルート事件が起きて、竹下さんが辞任すると、その構図がもろくも崩れた。その結果、安倍さんもやれなくなってしまって、そうこうしているうちに安倍さんが亡くなっ

てしまった。仕方がないから、はずしたはずの宮澤さんを総理に据えたら、その宮澤さんのときに政権が壊れた。こういう状況でしょう。

自民党の長期政権が終わった原因はいろいろ言われているけれども、ぼくは竹下政権があれほど短かったことにあると思います。しかも竹下さんが潰えたあとに、リクルートパージとなって、後継者に派閥の長を据えられなかった。そこから予測不可能な総理大臣が就任するようになったわけです。

それまでは、みんなが「次はあの人だろう」と思っていた人が総理総裁になっていたのが、そういう人がいない。みんなアドホックになる。こういう状況は、竹下さんの後継総裁（総理）であった宇野（宗佑《そうすけ》）さんからスタートするんですね。そして海部（俊樹）さんへと続きます。

そういう状況下にある政権というのは、長期的にものを考えることができない。しかし、まさにそういう本格政権でないときに、ベルリンの壁崩壊や湾岸戦争が起きてしまった。湾岸戦争では、「アメリカ軍が戦っているのに、日本人は金しか出さないのか」と迫られるような問題もありました。

こうした危機的な状況にあまり対応できない政権が、90年代に続いてしまったんですね。そして、あっという間に、海部さんの後継の宮澤さんのときに政権からすべり落ちたというわけです。

そこからあとは自民党が非常に弱くなった。もちろん強化する機会もあったけれど、自民党は野党になったときに党改革を一切しなかった。ひたすら当時の政権を引きずり下ろして自分たちが与党に戻ることだけを考えた。そうしているうちに、党そのものが本当に化石化してしまいました。

野中（広務）さんに、「党改革は考えませんでしたか」と聞いたら、「改革？　それは何だ」となるわけです。「そんなことをするよりも、とにかくこれだけ寂しくなった党をもういっぺん元気にしよう、政権に戻ろう、エイエイオーとやった」と言うんです。

今回の（民主党政権の）3年3カ月のあいだも、先ほど言ったように、自民党では誰も保守主義をどうしようかなどとは考えずに、とにかく政権復帰がいちばんの目標だということになる。そして、いったん政権に復帰すると、そのあとはますます何も考えないという状況になっています。

派閥があれば、党の中で対立が起きるわけです。だけど、いまは派閥がないから、さらに何も考えなくなる。

昔の自民党だったら、岸（信介）は、「絶対にあれだけは許さない」と言った三木（武夫）がいて、とにかく排除したかった。保守合同のときも三木派だけは排除するようにしたのに、結局入ってきてしまったなんて言っているでしょう。

芹川　でも岸内閣のとき政調会長にしてしまう。

御厨　そう、政調会長（や大臣）をするんだけれど、最後は政権を出てしまって、（国会での安保条約の採決のときに退席するという）とんでもないことをやるわけです。

ところがその三木もしばらくして政権を担う。同じく傍流だった中曽根さんも総理になる。そういうマジックによって自民党はやってこられた。けれども、そのマジックをするための人間がいなくなってしまったんです。

先にも話したように、橋本政権のときに、ぼくが竹下さんに「このあとはどうなるか」と聞いて、「小渕までは読めるけど、そのあとは読めない」と言ったのは、まさに象徴的であったわけです。

芹川　私も少し違う視点から話したいと思います。

日経・経済図書文化賞を受賞した本があります。斉藤淳さんという、加藤紘一さんが議員辞職したあとに衆院山形4区から当選して1年間だけ民主党の国会議員をした人が書いた、『自民党長期政権の政治経済学――利益誘導政治の自己矛盾』という本なんですよ。

これは私も読んで、へーっと思ったんです。この人の分析は、我々の常識を覆すんですね。我々のあいだでは、「右肩上がりの経済が終わり、財政が逼迫した。そうすると自民党はお家芸の利益誘導による分配ができなくなった。だから自民党政権は終わった」というのが何となく定説化していると思うんです。

ところが斉藤さんは、「自民党の利益誘導策が、実は自民党離れを呼び起こしていった。それが自民党崩壊につながった」とユニークな見方をしているわけです。

つまり、新幹線や高速道路をつくり、社会的インフラが整備されると地域が発展する。発展すると、自民党の政治力は要らなくなる。それによって自民党離れを起こしていく……。こう説明するわけです。

昔、1区現象っていうものがありました。県庁所在地の1区は自民党が弱くて、2区、3

区と、田舎になるほど自民党が強いという現象です。

斉藤さんの理屈というのは、この1区現象を説明しているわけですよね。2区や3区が「1区」になったときに自民党はまさに終わったという見方を示していて、利益誘導が実は自民党離れを起こすというパラドックスがあったと書いているわけです。

御厨　それは当たっていると思いますよ。その上に小泉改革があったから、いよいよ自民党はふっ飛んだわけですよ。

芹川　組織や人的な問題があって、一方で利益の部分もうまくできなくなって、いろいろなお家芸が使えなくなった。そうして自民党の政治が終わったというのは、歴史の必然みたいなところがありますね。

御厨　つまり利益誘導がスローガンとしての魅力を失った。そして、その次を考えていない。

芹川　そうそう、その次を考えてないんですよね。まったく考えてない。

御厨　そんなことがあり得るとは思ってない。

民主党政権──失敗の教訓

芹川　そこで民主党が出てくるわけですよね。では、民主党の話に移りましょう。

民主党政権はもうぼろぼろだったわけでしょう。私などは、大いに期待していたんですよ。政治記者をずっとやっていて、政権交代を夢見ていたわけですから。

自民党の派閥取材をしていたのですが、いつの日か政権交代が可能な二大政党的な政治ができるといいなと思って、何となくそういう動きをサポートしているというか……。もちろん精神的にですよ。新聞紙面ではサポートしませんし、してはいけないので。(笑)

ところが民主党の3年3カ月。私は「おれの青春を返してくれ」と言いたくなったんですね(笑)。「何なんだ、この連中は」と思ったんです。

そこで、私たちは民主党の失敗の研究をやらなければいけないと思うんですけれども、御厨さんから見て、民主党はなぜダメだったのでしょうか。

御厨　よく言われていることですけれども、1つは、民主党には自民党の長老議員出身者以外は、政治をやったことがない人ばかりだったということですね。末端でもいいから、実際に与党で政治を見ていれば、やはり勘はつくものなんですよ。ところがそうでない人たちばかりが政権に入ったわけでしょう。

だから政権への入り方が、「向こうはすべて敵だ、敵陣に俺たちが入る」という姿勢だった。それは入り方としてまずいわけですよ。どんな人でも敵陣だと思って入れば、ものすごく大きな軋轢が起きる。その軋轢のまま終わってしまったのが鳩山政権。

次の菅政権は、「問題点がいろいろある」と指摘はしたんだけれども、指摘だけして終わってしまった。

最後の野田（佳彦）さんだけが唯一、党のマニフェストにはなかったものの、増税をやるということで――党はつぶしたけれども――政策だけは通したという状況になったわけです。

ただし、いま巷間言われている「民主党ダメ論」というのは、やや感情論が入りすぎだと思います。もともと民主党はダメだったということになっているわけですね。でも、もともとダメだとなったら、今後二度と政権交代はないということになってしまうわけで、そこから多少離れて議論しなければいけない。

ぼくもある時期、民主党は本当にダメだったと思いました。いまでもそういうところはあ

野田佳彦前首相（アマナイメージズ）

る。けれども、そこから離れてやや民主党に好意的に見てみると、それでもやっぱり政権交代の効果はあったと思います。

効果があったというのは、いくつかの政策です。特にきめの細かい部分の政策として――彼らは「新しい公共」と言ったけれども――「公共」とか「つなぐ」とか「社会をどう見るか」といった問題を民主党が提起して、いまでも自民党につないでいるところはあります。

そういう問題はナショナリズムなどとはまったく関係がない。そもそも民主党はナショナリズムには関心がないんだけれども。民主党は、個人のレベルに戻って、夫婦のあり方はどうあったらいいかとか、あるいはその中で学校との関係はどうつくっていったらいいかといった、ソーシャビリティの面では、けっこういろいろな施策をやったんです。ただこれはすぐに選挙に結びつくわけでもない。

そこで民主党自体が、大きくて、派手なこととしては――ぼくらも最終的にあれはうまくいかなかったと思うのは――隠されたお金が出てくるかもしれないといって、「仕分け」をやったわけでしょう。そんなつまらないところに日を当てたからダメなんだけれど、そうでないところでは、けっこうやったわけですね。

それから、ぼくにとって印象的だったのは、『政権交代を超えて』という本の中で話を聞いた、辻元清美みたいな人が、一時的にせよ国交省の副大臣をやったことで、政策とは何か、政治とは何かについて考えるようになって、統治することは権力の中で最も大事だということに目覚めたんです。

そういう議員はほかにもいます。だから、民主党にもういっぺん政権が戻るかどうかは別として、政権、権力、あるいは統治とは何であるかを、3年3カ月のあいだに知った政治家がいるという意味は大きいんです。次に彼らが政権に入れば、今回のようにみじめなことにはならない。

それからもう1つ言っておくと、民主党でも、野田政権はかなり保守政権に似ているところがありました。野田政権に対しても、もちろんみんなはいろいろ言います。けれども、あのまま野田政権がうまくいっていれば、民主党はもう少しやれたはずだと言っている官僚諸君が実に多いんです。

つまり野田政権になってはじめて官僚は、民主党の政治家とうまく距離感がとれるようになった。どうやって彼らとつきあえばいいのか、野田政権の最後のころになって、官僚たちもわかってきたわけですね。

だから、民主党に次があったとしたら、今度はうまくつきあえるということで、いまだに民主党の有力閣僚だった議員に対しては、官僚は「いまこういう状態でございます」と、いろいろ説明に行っています。

「どうしてそんなことやっているの」と官僚諸君に聞くと、「彼らだっていつ戻ってくるかわからない。そのときに前のような失敗はさせない」と答えるわけです。

つまり政権移行の際に、政治家に現状について知識があるのとないのとでは全然違う。官僚としては、今後も政権交代があり得ると思うから、そのためにはいまから民主党の政治家たちに少しでも情報を流して、「帰ってきたときには、一緒にやりましょう」と言っている。こういう話は絶対表には出ないいんですが。

いまは、みんなとにかく民主党叩きだし、ぼくもある程度は叩いたほうがみんなもすっきりするからいいとは思うけれど、一方では、そういう芽があって、次に政権が代わることもある。安倍さん自身もそれはあると思っていると思います。

安倍さんは長期政権を目指していると言われているけれど、本人がそれをあまり口にしないのは、自分の限界を心得ているのと、彼自身が政界に出てきたときが細川政権誕生のときだということもあるでしょう。

芹川　1993年ですね。

御厨　まさに自民党が野党になったときに彼は出てきているから、頭の中では、自分は政権交代からスタートしたというのがある。しかも自身の第1次政権が敗れて、もういっぺん政権交代を招く原因をつくったわけだから、自分はほかの政治家より激動期を生きてきたという意識がある。それはまさにそうなのであって、総理自ら政権交代はあり得ると思っているところが、ほかの自民党の人のように、続けるだけ続けるというのとは少し違うところがあるのかなと思います。

そうすると岡田克也さんみたいな民主党の「原理主義者」も、あと10年がんばっていると総理になる可能性はあるんですよ。

そういう意味では、民主党そのものや党首、政権のことをみんなは責めるけれど、そこにいた人たちは3年間実権を握ったことで、人材として育成されたと言うことができます。

芹川　わかりますね。いま辻元清美さんの話が出ましたけれども、彼女は「自社さ政権」のときに政権与党の一員として、いろいろなプロジェクトチームなどで政策決定に関与しているんですね。その経験があるから(民主党政権下の)副大臣としても、さらにもう一段階グレードアップしていく。

いろいろ経験をしていくと、そこから次へつながっていくんですよね。財務大臣を務めた安住(淳)さんが言ったのかな?「我々はこの年代でこういう経験ができた。10年がんばったときにこの経験がまた生きる」というようなことを聞いた記憶がありますね。

彼にしろ、細野（豪志）さんにしろ、玄葉（光一郎）さんにしても、40代で大臣を経験しているわけですからね。

御厨　あの細野さんだって「何が民主党政権でよかったかというと、やっぱり権力を握ったということですよ」って言っていたもの。やっぱりあの人、言い方が下手で、そんなこと言うから、またみんなに疑われるんだけど。（笑）

そういう話を聞いてみると、彼らが、やっぱり政治というものは、政権党でなければできないと思ったというのは、本当ですよ。野党として好きなことを言っているのとは全然違う。与党の重みを初めて知って、細野さんも、「自民党の偉さがわかった」というようなことを言っていました。副大臣でも何でもいい、とにかく大臣職を経験した人はそういうことを思ったはずなんですよ。

この政権に参加していた人たちの経験は、民主党が滅びたとしても、彼らの中には残っていく。それが蓄積していれば、本当に10年後に政権交代が起こったときに人材となる。そういう人材がいなかったらこの国は本当にダメになりますから。

芹川　そういう人的な経験の蓄積というのは、失敗したとはいえ民主党政権の成果ということですかね。

「きれいな政党制」が現実にならない理由

芹川　民主党政権の失敗の教訓には、いくつかあると思うんですけれども、1つは民主党を見ていて思ったのは、理念というか、政権目標がなくなってしまったんですね。ですから自民党を倒すこと自体が目標になっていて、マニフェストに「政権交代。」って書いてあったんです。

これ、「モーニング娘。」を真似たのだと思うんですけど、「。」という句点で終わってしまった。つまり、政権交代まではみんな一緒にできた。けれども、政権をとったあとに何をやるのかという理念の共有が必要だったのに、それがなかった。そして、先ほどの話とつながりますが、組織としての未熟さのようなものがあった。

御厨　それは、もうありましたね。

芹川　組織としての未熟さから、どうやって運営の技を磨くか、これがなかった。フォロワーシップが全然ダメだったわけでしょう。要は、「支える」という経験がないからだと思うんですね。弁護士や市民運動家、松下政経塾出身の人たちで、組織の経験がないわけです。組織とは何か。これは組織にいるとわかるんですけど、どんなに立派でない上司がいても、これを支えないといかんわけですよ。そうしないと自分が損をするんだから。

とにかく組織は支えなければいけないんですね。そういうフォロワーシップが必要なわけです。

それから、鳩山、菅、野田と続いたリーダーのお粗末さというのがあったわけでしょう。野田さんは少し違うと思いますけれども。鳩山、菅、野田の頭文字をとって、NHKと言うんだそうですね。

御厨　意図的な言い方だな。（笑）

芹川　Nはともかく、HKはやっぱりひどかった。

ネットで流布した「謎の鳥伝説」というのがあるんですね。引用しましょうか。

「日本には謎の鳥がいる。正体はよく見えない。中国から見ればカモに見える。米国から見ればチキンに見える。欧州から見ればアホウドリに見える。日本の有権者にはサギだと思われている。オザワから見ればオウムのような存在。でも鳥自身はハトだと言い張っている。

私はあの鳥は日本のガンだと思う」

これうまいですね。もちろんガンは病気の癌ではありません。鳥の雁ですよ。

理念と目的を共有し、組織運営の技などを磨いて、しっかりしたリーダーを持つ。これが、たぶん民主党の失敗の教訓だと思うんですね。そして、いろいろな経験を彼らは積んだのだから、次に期待しようと言うしかないんでしょうね。

御厨　好意的に見ればそうなんですよね。

芹川　しかし現実論としてはなかなか容易ではないでしょうね。

御厨　容易ではないですよ。だから10年先です。そして、おそらく次は「民主党」ではないと思う。民主党はなくなると思いますよ。

民主党ではないところで、彼らを活かさなくてはいけないんですね。個人個人が持ったノウハウなりスキルなりをどう次の組織で活かしてもらうかという話であって、民主党のことをいつまでも議論しても仕方がない。やっぱりポスト民主党論ですよ。ポスト民主党がきちんとしないと、自民党のバージョン2も実現しない。

芹川　そのためには、ということで私は思うんですけれども、自民党はもう完全に保守の政党ですよね。そうすると中道とリベラルが空くわけです。そのリベラルにきちんと軸足を置いた政党ができたらいいのではないか、ということですね。

昔の自民党で言うと、三木派とか宏池会といった人たちも含めたような政党ですね。

御厨 そう。それができればいいんだけどね。

芹川 そうすると、割ときれいな政党制になりますよね。

御厨 だけど現実にそうなるかというと、なかなかうまくいかない。ねじれるんですよ、人間関係というものが出てくるから。思想が同じだからといって、一緒にはならないんだね。「あいつは嫌いだ……」とか、「あいつより俺のほうが頭がいいのに、あいつばっかり……」といった話になるから。

芹川 仕方がないですね。政治というのは、感情と欲望の入り交じった人と人との関係ですから。そんなに簡単にはいかないですよね。

御厨 我々はすぐに美しい絵を描きたがるんだけど、これはまず無理。

芹川 人間関係で言うと、安倍さんと民主党代表の海江田（万里）さんのつながりも面白いですよ。お二人のお父さんは毎日新聞の政治部で一緒だったんですね。昭和20年代ですよ。

安倍さんのお父さんの晋太郎さんが首相官邸の記者クラブにいて、第2次公職追放を抜かれたんですって。

毎日の政治部の中で大問題になって、担当だった安倍晋太郎さんの責任問題になったんだそうです。そのとき首相官邸クラブのキャップで、晋太郎さんの直属の上司だった海江田さんのお父さん（四郎・元毎日新聞論説副主幹）が、それは安倍の責任ではない、おれの責任だ、と言って晋太郎さんをかばってくれた。それで晋太郎さんは政治記者として生き長らえたというんですね。

安倍さんのお父さんは海江田さんのお父さんに恩義がある。だから安倍晋三さんは民主党批判は厳しくやるけど、決して海江田さんの個人攻撃はしない。これは安倍さん本人が言っている話ですよ。

それでも日本には政党政治しかあり得ない

芹川　それでは、この章の締めになりますが、望ましい政党政治のあり方というものを、御厨さんにぜひ話してもらいたいですね。

戦前、１９３６年の２・26事件のあとの内閣を見ますと、廣田弘毅は１９３６年３月から37年２月まで、続いて林銑十郎が37年２月から６月、そして近衛文麿がちょっと長くて37年６月から39年１月、そのあと平沼騏一郎が39年１月から８月、阿部信行が８月から40年１月、米内光政《よないみつまさ》が40年１月から７月まで。そしてまた近衛になって、１年ちょっとで、東条英機内閣になっている。本当に１年ですよね。

それから最近に目を移しますと、小泉さんのあとに、安倍１年、福田１年、麻生１年、鳩山１年、菅１年、野田１年です。「歌手１年、総理２年の使い捨て」と言ったのは竹下さんでしたが、「総理１年の使い捨て」になったわけですね。本当に短命で、猫の目のように政権が代わっていました。そこでやっと、まあ、いま安倍内閣で落ち着きそうな雰囲気なわけですよね。

戦前の内閣について、政友会、民政党の二大政党制が８年ほど続き、それが終わったあとは、先ほど紹介したように短命内閣が続いた。同じように、自民党政治は長かったけれども、小泉さんまでを自民党１・０とすると、そのあとに短命政権が続き、そうしていま安倍政権になっている。

そういう中で、私がイメージしているのは、戦前と現在を対比して考えた場合、どういうことが言えるのか、どういう政党政治のかたちが望ましいのかということですね。これを締めくくりとして、話してもらいたいのですが。

御厨　ずいぶん難しい話だなあ。要するに、道筋をつくっておいて、あとは強引にぼくに話せというわけ。（笑）

難しいとは思いますけれども、こういうことではないでしょうか。

政友会という政党が1900年にできて以来、1940年に解党するまでの40年間、この国においては最も与党の時期が長かった。そういう意味で言うと政友会は、戦後における自民党のような政党だった。

ところが二大政党内閣の時代は、政友会と民政党の政権交代とはいうものの、しかし（首相を奏薦する）元老の西園寺公望《きんもち》は、とにかく自分の出身母体であり、自分が経験した政党である政友会を、もうダメだということで嫌ったんですよね。むしろ西園寺は政友会ではなくて、民政党系列を推していくわけです。

5・15事件のあとの斎藤実内閣ですが、あれは政友会総裁の鈴木喜三郎を、「ああいう司法官上がりは嫌いだ」ということで推したくないので、(軍人の)斎藤にしたわけです。

当時は、政友会が(衆議院で)300議席を持っていたわけですが、(斎藤の次も)政友会の総裁を総理にはせず、引き続き(軍人の)岡田(啓介)にして、2・26事件が起きたあとは(外交官だった)廣田弘毅にするというかたちで、まったく政党のことを考えなかった。

政友会はそれで結局分裂しました。『西園寺公と政局』という彼が残した日記を読んでいても、1940年に亡くなるまで政友会を嫌っています。では、民政党がうまくいったかというと、これもうまくはいかなかった。政友会がなくなって、民政党が残ったけれども、それも最終的にはなくなってしまった。

それとの比較で言うならば、自民党はいまこうやってがんばってはいる。いるんだけれども、やはりそれに対抗するもう1つの党が明確な反対党として出てくるかどうかが大切です。いまの自民党は昔とまったくかたちは違うけれども、一強状態は正常ではないですから。

昔は、いま言ったように長く続いた政友会も、最終的な段階で元老西園寺が首を縦に振らなければ総理を出せないわけです。

そうすると、いま元老西園寺に代わるのは誰なのか。それは国民です。すべては国民の投票で決まりますから。

国民が自民党をどう見るのか。現段階では、とにかく民主党がひどかったから政権を自民に戻してはいるけれど、では自民党に何もかもやらせてやるという話では全然ないわけでしょう。つまり自民党への支持は、またひっくり返るかもしれないという状況なわけです。

そういう状況の下で、非常事態が起きたらどうなるのか。戦前の場合は、どちらの政党もダメになってしまいました。

だから今後、我々が地震のような自然災害なのか、あるいは中国との関係などで一触即発の状況になるのかはわかりませんが、何かしら非常事態に直面したときに、いまのような中途半端な政党の存在であると——先ほどナショナリズムと言ったけれども——国民が早くものごとを決めてほしいということになれば、一気に右的な政権ができる可能性はあるわけです。

そういう政権が誕生すれば、自衛隊もどんどん外に出していこうというように、これまでやってこなかったぶん、すぐにある程度のところまでいってしまうかもしれません。その点は、日本は危ないんです。

自衛隊については、いま「9条があるから……」などと言っているのは、実際に危機状況がないからです。危機に直面したら、「9条どころではない」と、ころっと変わって、「はい、田母神さん」とならないとも限りません。

それから、戦前の教訓から言えることは、西園寺が政友会を嫌ったことも1つの問題になります。つまり十分に育ちきっていない政友会を嫌ったがゆえに、政友会も民政党もダメになってしまった。

戦前の政治の中で、西園寺という人は開明的で政党に理解があったと言われます。理解はあったのだろうけれど、しかし本当の意味で政党を育てようという気はなかった。そこをみんなが見誤りました。

いまこの国をしっかりさせるのは、政党しかないわけです。やはり、政党をバカにしてはいけないし、大事にしなくてはいけない。下手をすると戦前のように、政党もつぶれ、政党政治自体もつぶれてしまう。その状態を招かないようにするのが、戦前の歴史から読み取るべき教訓ではないでしょうか。

芹川　よくわかります。メディアはすぐシニシズム（冷笑主義）になりますからね。

御厨　新聞の文章にしてもテレビにしても、「この国は、どうなるのだろうか。」とか、最後をシニシズムで締めると格好よく見えるわけですが、それではダメなんですよ。

第四章

メディア論

浅薄な言葉支配をどうする

日曜の朝、日本の政治は動いた

芹川　この章では、まずメディアと政治から入りたいと思います。現在、メディアと政治というと、「テレビ政治」が最も重要な論点だと思いますので、これを整理してみましょう。

政治がテレビを使い出したということで言うと、おそらく最初は三木（武夫）内閣あたりでしょうね。三木さんが「三木おろし」に対抗する手立てとしてテレビを使って、「総理に聞く」とか「総理と語る」といった番組をNHKと民放で毎月交互にやったりしていました。

私の実体験としては、大平（正芳）さんが総理のときに、福田（赳夫）さんとの「四十日抗争」がありまして、大平さんは、朝、東京・瀬田の私邸を出るときと夜帰るときに、官邸ないしは私邸で（テレビカメラの前で）ぶら下がり質問に答える。私は総理番だったものですから、朝晩、日々それにつきあったわけですね。

特に福田さんとの「大福会談」のときなどは、福田さんがものすごくブリーフィングするわけですよ。（それに対抗して大平さんは）ぶら下がりでテレビの前で発信するということをやっていました。あのときはテレビを――うまくかどうかはわかりませんが――使ってい

中曽根康弘元首相（共同通信社／アマナイメージズ）

ました。

そのあと中曽根（康弘）さんが総理になると、日米貿易摩擦のときに輸入を奨励するものなど、パネルを持ち出してテレビで説明をしたということがありました。そのあたりがテレビ政治の第1期ではないかと思います。

第2期は、おそらく1989年に（テレビ朝日系列で）「サンデープロジェクト」という番組が始まったあたりからです。（同じテレビ朝日系列の）「ニュースステーション」は、その少し前、85年から始まっています。それから（フジテレビ系列の）「報道2001」が92年に始まっています。

89年、92年と、ちょうど政権交代期、政治改革のころにサンプロや報道２００１といった番組が始まって、カメラの前で政治家が舌戦を交わすようになったわけですね。

新聞記者にとって、いちばんショックだったのは、我々が夜討ち朝駆けで聞いていたような話を政治家がテレビの前で話し出したことです。こちらは（政治家の）本音の話を聞こうと思って出向いていたのに、テレビの前で話し出して——日曜日の朝ですから——月曜の朝刊に記事として報じられるようになったんです。

それまでは政治家がテレビで話しても新聞は取り上げませんでした。けれども、テレビからニュースがどんどん飛び出してくるので、仕方なく記事として書きはじめたんです。

93年に政権交代が起きて、細川政権が成立した際には、サンプロの（司会者だった）田原総一朗さんとニュースステーションの（キャスターだった）久米宏さんの名前をとって、「久米・田原連立政権」なんて言われもしました。このころですかね、「テレポリティクス」という言葉が使われはじめたのは。

当時のテレビ朝日の報道局長だった椿（貞良）さんが「非自民政権が生まれるように報道せよ」と言ったとか言わないとか、大騒ぎにもなりました。このあたりが第２期だと思いま

細川護熙元首相（朝日新聞／アマナイメージズ）

す。

それから第3期が小泉（純一郎）さんのいわゆる「ワイドショー政治」。このとき、田中真紀子さんが出てきた。小泉さんは、特に夕方のぶら下がりで、ワンフレーズをどんどん発信していく。そのあと安倍さんが小泉さんを踏襲して失敗しちゃうわけです。カメラ目線が気持ち悪いと言われたりもして。

御厨 かわいそうでしたね。

芹川 いずれにせよ、御厨さんが司会をされている（TBS系列の）「時事放談」から始まって、「報道2001」があって、NHKの「日曜討論」が9時からあって、「サンプロ」があって……ということで、「日曜の朝に政治が動く」と言われたわけです。

時事放談は録画ではありますけれども、これは何年やっていましたっけ。

御厨　10年ですね。亡くなった岩見隆夫さんが3年やって、私が7年で、10年です。

芹川　では、政治を動かしておられる立場として（笑）、テレビ政治についてはいかがですか。

御厨　動かしてなんかいませんよ（笑）。ぼくはプロデューサーの言うとおりに動いているだけなんだから。

テレビの使い方を最初に意識した政治家は誰か

御厨　いまのお話を聞いていて思ったのは、テレビというものを政治に持ち込むということに、どこまで自覚的であったかですね。

テレビの使い方を意識したという意味で言うと、警察庁長官時代の後藤田正晴さんが最初だとぼくは思います。１９６９年に始まる学生との闘争ですね。特に東大安田講堂事件のときには、カメラにうまく撮らせた。警官がやられるところを、警官側から撮らせる。学生もやっつけられているんだけど、それは見せない。あのカメラ目線のつくり方はすごくうまかったですね。

それからもっと象徴的だったのは浅間山荘事件。あのときは学生の側が無体なことをやっている様子が映るように、きちんとカメラを置いた。その様子は新聞でいくら報道してもわからないわけです。あの事件では、隊長が自ら出ていこうとしたところを撃たれてしまうのですが、そこを何度もリフレインしました。

このように、テレビが使えるということを最初に意識したのは後藤田さんですよ。そこは彼はすごいなと思いました。

佐藤栄作もテレビを使うんだけれども、上から目線で偉そうなことを言っていて、さっぱりわからんという、そういう状況でした。おっしゃるように三木さんは意図的に使っていました。これは、そうしないと自分が負けてしまうからですね。

芹川　傍流でしたからね。

御厨　傍流だった三木さんが使ったあと、みんなが少しずつテレビを使うようになりました。

それから、いまワイドショー政治と言ったけれども、70年代は芸能ネタと報道ネタとはまったく別のものであって、ニュースで取り上げられるのは報道ネタで、ワイドショーは向こう側にあったんですね。

ところが、報道ネタをワイドショーが取り込んだのは、ロッキード事件の裁判のときに、田中角栄の秘書だった人の元妻が（81年に）「蜂の一刺し」ということで証言したというニュースです。あれで一挙に水門が開きました。

それからは報道ネタもけっこう使えるということで、芸能ネタと報道ネタが同じようにワイドショーで取り上げられるようになっていくわけですね。

それでも、そのころは政治家はまだメディアに使われていた。政治家のほうもそれほど自信がないし、メディアのほうは政治家にこういうことを言ってもらおうというのが主体でした。

ワイドショーが政治をつくると言われたのは90年代からですが、当時はまだ、「テレビに出ないのが本当の政治家だ」と言えた時代でもありました。テレビに出たら、まったく話せない政治家もいましたしね。

あのころ、東京MXテレビで都議会中継の解説をやっていたんですけれども、同局の「都議会の焦点」という番組では、都議会議員に話をしてもらうわけです。すると自民党の高齢な議員などはカメラの前では何も言えないから、カンニングペーパーを持ってくるんです。これは自分で書いたわけではないらしくて、ときどきつっかえてしまう。ずっと下を向いて話すから、カメラさんが困って、「先生ちょっとこちらを」とお願いするんだけれど、そちらを見る余裕がない。

それが小泉さんによって画期的に変わりました。小泉という人は天性の劇場型です。とにかく自分が主人公になって何かを言う。

しかも小泉さんがうまかったのは、先ほどワンフレーズと言ったけれど、あのころからテレビの下に1行や2行、話している人の言葉が文字として出るようになったでしょう。そこにぴたりと当てはまる字数で話すんです。あれは見事でした。

芹川　たしかに（小泉さんの言葉は）、15秒くらいでCMの長さと同じですよね。15秒だとテレビは繰り返しリフレインできる。ほかの政治家は話が長いんですね。

御厨　ところが小泉さんの話していることは、文章化するとたいしたことを言っているわけではないんですよ。

いちばん印象的なのは、郵政解散をしたあとの記者会見ですね。あのとき、「ガリレオ・

ガリレイは……」と言った。あれを声明として書いて、新聞に発表したら噴飯ものだと思うんですよ。けれども小泉さんが重々しい顔で話すと、いかにもというふうに見えるのでウケた。そういう意味では、徹底したショーマンでした。みんなもそれを待っていたわけですしね。

当然安倍さんには、そんなものは継承できません。それ以後の総理もみんな失敗した。むしろ小泉さんからあとは、敷居が狭まっていって、総理以外でキャラが立つ人がどんどんテレビに出ていくようになりました。

最近、テレビに出ている政治家の中で、スタジオに向かう前にメイクルームで手帳を取り出して、こんなことを話す人がいたんです。

「この前、俺はこれを言ったかな。いや言ってない。では今日はこれだ。しかしテレビに映るのは、こちらの（番組の）ほうが早いから、こちらから言わなくては……」

自分が出演するテレビで何を話すか選択して、手帳に書いているんですよ。

それを見てぼくは、「『時事放談』だからといって、時事的話題にしないでくださいね」と話した覚えがあって、「いやいや、大丈夫ですよ」なんて答えはするのだけれども、怪しいものです。
　つまり、彼の頭の中には、テレビで何を話せば、次の日の新聞に出るかなとか、いつの新聞に出るかなとか、あの新聞は自分を嫌っているから出ないだろうなといった計算をしている。すべて本人が演出しているわけですね。
芹川　テレビに出ると有権者の反応がすごくいいらしいですね。「先生、見ましたよ」とか。票になるかどうかはわからないと思いますが。
御厨　全然票にならないと思うけどね。「テレビで見たよ」くらいだったら、ぼくもよく言われますから。（笑）
　でもテレビ出演が、1つの成果になってしまっているんですよ。それ以上に、「最近、あの先生はテレビに出ないね」と言われるのが怖いわけですよ。テレビに出ないということは、活躍していないか、病気か……と思われてしまうんですね。だから、みんな1週間に1ぺんはテレビに出たがります。
芹川　テレビが中毒になっているという人はいますよね。固有名詞はさけますが、閣僚になる前のある議員など、出ないとおさまらないみたいな人がいます。そういう気分なんですね。

御厨　テレビに出ていることで「政治をやっている」というふうにだんだん勘違いしてくる。加藤紘一さんがある時期、インターネットの声を聞いていれば、それが政治だと思って「加藤の乱」を起こしたというのは、似たような現象ですね。

それから政治家も、地上波のテレビとBSのテレビとでは、発言を分けたりしているんですよ。「地上波のテレビは発言時間が短くて、BSは長いから、これはBSのネタかな」とか言っているのを聞いたことあるんです。そういう政治家には、「やめろ！　BSで話すんなら、こっち（地上波）でも話せ」って思いますよ。（笑）

1対1の感性を理解しなければ、ネット政治は見えない

芹川　ネット選挙が2013年に解禁になって、ネットと政治の関係をどう見るかという問題があります。

先ほど話に出た、「加藤の乱」は、（ネット政治の）第1章のようなものだと思うんですね。加藤さんは、ネットの声が自分への支持だと思ったのだけれども、それはバーチャルだった。政治というのはリアルなものですから。

御厨 これも有名な話ですが、野中(広務)さんが、「ネットのやつなんか1人も投票せんぞ」と言ったという。だけど、加藤さんのような人はふっと揺れる。

芹川 安倍さんはフェイスブックをやっています。ぶら下がりでの一問一答があまり得意ではないからなのか、それよりも自分の仲間を集めてネットで発信しようということかもしれません。

ただネットがどの程度本当に効果があるかというのはよくわかりませんね。

御厨 2013年の参議院選挙でネットが使われたのですが、面白かったのは、自民党の発信は全部上から目線だったんですね。

NHKの「クローズアップ現代」で紹介していたんですが、地方の候補に対して、(ネットで世論を分析した)中央から、「おまえは、こちらの政策を出したほうがいいから、すぐ明日から変えろ」とかやっているんです。(党本部のスタッフが)そういうことを言ってまわって、しかも(ネットで得た有権者の動きの)数値まで出している。

候補者は、「本当はうちのスタッフがやらなくてはいけないのに、中央にやってもらってありがたい」というようなことを言っている。それを聞いて、「中央からのネタでやってどうする、そんなことを言っていてはダメじゃないか」と思ったんです。
あのままネット選挙をやっていると、中央が全部ネタを握って地方の候補者に流して、おまえは中央の言うとおりにやれという選挙になっていく。
これは自民党がネットを本当に理解していないということですよね。しかもそういう選挙のマニュアルは、いわゆる広告産業が持っている。間違いなく電通や博報堂などが握っていると思います。

芹川　自民党が電通で民主党が博報堂とか……。

御厨　13年の参議院選挙で意外にネットがウケたのは共産党でした。共産党は高齢者に至るまでみんなネットに習熟していて、1対1対応があったでしょう。

芹川　共産党は「カクサン部」とかいって、「小曽館育子（コソダテ・イクコ）」とか、「雇用のヨーコ」といったキャラクターをつくっていましたね。
たしかに共産党員って高齢化しているじゃないですか。駅頭でビラまきなんかやっている人を見るとわかりますよ。けっこう大変だと思いますよ、腰が痛くなるとかね、自分がそんな年だから思うんですけどね。パソコンを使ったほうがやりやすいというのもあったんでしょうね。ネットは、共産党を支持する知的水準の高い方——あえてこう言いますが——にはもってこいの道具だったわけですよ。

御厨　しかもこつこつやるでしょう。それがいちばんネットに向いている。

芹川　共産党のネット戦略はアメリカの新聞『ウォールストリート・ジャーナル』でも紹介されたんですよ。上からの自民党、下からの共産党……。民主党はいったい何をやっていたんだということにもなりますが。

御厨　何とも言いようがない。やる気がなかったんだね。

芹川　もう1つ面白いと思ったのは、たまたま参院選の期間に渋谷に行ったんですよ。そうしたらミュージシャンの三宅洋平という候補者（緑の党、比例代表）が、ドンチャカドンチャカやっているわけです。「これは何なんだ」と思ったら、ロック歌手が歌っているのをネット中継しているんですね。それで個人票は約17万6000票、緑の党は約45万1000票を獲得しています。

それに対して、既成政党として、テレビに出ていた谷岡（郁子）さんという人が代表の「みどりの風」というのがあるんですね。レスリングで有名な中京女子大学（現・至学館大学）

の学長さん。この「みどりの風」は43万票しかとってないんです。

ドンチャカドンチャカが45万票で、かたや43万票。そこではたと思ったんですけれども、共産党にしろ、緑の党にしろ、ネットというのは芋づるネットワークみたいなところがある。共感のメディアというか、同じ考え方の人が、つながっていく側面があるのではないでしょうか。これは無視できません。


御厨　特にネットは、音とか、そういう感性に訴えて広がるんですよ。ネットが最終的に生きるのは感性の部分だと思います。おそらく言葉はあとです。

最初は、「あの面白い音楽をやっているのは誰?」から始まって、「彼、選挙に出ているんだって」「どういう人なんだろう?」と広がっていく。それがつながって、現実に投票に行くようになったら、これは強い。

三宅さんなどを見ていてわかるのは、最初はからかい半分で選挙に出ているのかもしれないけれど、周囲の反応が真剣だと候補者自身も真剣になって、「政治家」になっていくんですね。すると、また出ようという気になる。音楽家や芸術家というのは「手応え」が大事ですから。

手応えが本物だと思うようになって、それが政治に通じてくるとなると、ネットの人は絶対に選挙へは行かないとも言えなくなります。感性がうまくつながると、実際に選挙に行くかもしれない。ネットにはそういう可能性があります。

芹川　安倍さんはツイッターをやっていて、フェイスブックにもフォロワーが42万人います。フェイスブックでは、13年12月26日に靖国参拝したら、ただちに3万人が「いいね！」を押したんだそうですね。ネットはこういう同好の士のような人たちがぐっと集まっていく感じなんですかね。

御厨　いいも悪いも感性なんです。最近、「時事放談」でおじいさんたちに聞く質問の1つに、「若い人たちが靖国参拝に賛成していますけど、どうですか？」というのがあります。するとおじいさんは、「それは歴史を知らないからだ」と言うのですが、ツイッターでは歴史のことまでは語らない。すべて勘と感性です。そこを安倍さんはうまく使っているわけです。

歴史だの何だのというのは、また別の世界の話。ツイッターをはじめとしたインターネットの世界は、短い言葉で訴えているから、その意味では「深さ」はないんです。それから「文脈」がないんです。その点は危ない面もある。けれども、ネットを利用した政治はこれから間違いなく流行るでしょうね。

芹川　そうでしょうね。

御厨　つまりネットは1対1対応だから若者がついていくのであって、そこでいちいち「靖国神社にはA級戦犯が……」なんて説教をされても、若者からすれば、「A級戦犯なんかどうでもいい。総理大臣が参拝したのは格好いい。そういううるさいこと言うおじさんは嫌いだ」となります。実際に時事放談に出たおじさんはネット世代には嫌われるんです。（笑）

新聞の政治面は、「政局面」ではないかという批判

芹川　世代によって、メディアも変わっていくんだと思うんですね。

明治時代には新聞がまず出てくるわけでしょう。自由民権運動という明治デモクラシーは、新聞からですよね。次に、大正デモクラシーは雑誌。吉野作造が『中央公論』を舞台に論陣をはる。それから政友会と民政党による二大政党の昭和デモクラシーでは、民政党の濱口雄幸がラジオを使いはじめます。

御厨　そうそう、濱口がラジオを初めて使う。

芹川　戦後デモクラシーは、言うまでもなくテレビです。そして、いま平成デモクラシーでネットまできたわけですよね。そう考えると、歴史とメディアは相関性があることがわかります。

御厨　メディアの発言形態が変わってきていますからね。

もう1つあるのは、いま割と短いメッセージが効くという背景には、みんなが新聞を読まなくなってきているということもあるんですよ。新聞は、ある種の「文脈」がないと読めないけれども、テレビのメッセージは一言ですみますから。そういう点では、テレビ政治は言語としては結局浅いんです。深く考えない。次から次にテレビに出ている政治家だって、ものを考えている暇はない。

芹川　新聞のほうも、いまスポーツ新聞化しているんですね。

脱原発派の人にしろ、保守派の人にしろ、読んで膝を打つような新聞を求めているんじゃあないですか。脱原発を志向する人は、そういうメッセージを強く書く新聞を読んで、「そのとおり！」となる。さらに保守的な人は、保守的なメッセージを強く打ち出す新聞を読んで、「そのとおり！」となる。
これは、巨人ファンが「巨人ファンの新聞」を、阪神ファンが「阪神ファンの新聞」を読んで、スカッとするのと同じなんですね。

御厨　つまりシングルイシュー新聞なんですよ。ほかのことは書かない。1つのことだけ書けば、それでいいというわけです。
いまは語るべきことがあまりに多くなってきているから、争点に関しては簡単にしてほしいという気持ちなんですね。テレビのゲーム番組で、AかBかという選択肢があって、みんながAと言うと、全体が同じように反応する。これと似ているわけです。

芹川　でも危ないですよね。

御厨　これは非常に危ない。危ないけれども、そうなってきていることは事実です。だからこれからどうするかを考えなくてはダメですよ。
新聞が滅びない道というのは、テレビ（が短い、浅い言葉を打ち出すの）とは違って、やっぱり文脈で勝負しなくてはいけない。どうしたって文章というのは長いんだから。レイアウトなり、いろいろ工夫をしなければいけませんよ。

芹川　昔から政治記事については、（政治学者の）丸山（眞男）さんが、日本の新聞社の政治部は、「政界部」だと書いていて、新聞の政治面は「政局面」じゃないか、という批判があります。

これは自戒を込めて言うのですが、私が政治部長のときをふりかえっても、我々はどうしても「政局面」をつくってしまう。なぜ「政局面」になってしまうかというと、それがいちばん簡単だからなんですね。

だから、いま言われたことからすれば、もっと深く掘り下げ、もっと政治の裏や奥を報じなければいけないのですが、それには、ものすごい取材力と分析力が必要になります。なかなかそこまでは到達できないんですね。

そうすると、日々の政局の動きについて、「あの人がどう言った、この人がこう言った」とか、「あの人の悪口を誰が言っている」とか、「あの人は、誰が嫌いだ、誰が好きだ」といった話が多くなる。結果として、そういう話のほうが楽だということがあるのだと思います。そこをどうきちんと報じていくかは、非常に難しいところだと思います。

あとは、政治取材のやり方が、大きく変わってきています。我々の先輩のころは、政治記者になったらまず政治家の家の門の前に立って、次に玄関まで行って、そして応接間に入って、床の間に入って、最終的には寝室まで入るといったように、一歩ずつ中に行っていたわけですよ。それが、いまはもうメールですからね。

御厨　そこは変わったんですよ。

芹川　いまは、最初にやることは政治家の携帯電話の番号を教えてもらうこと。そしてこちらの番号も登録してもらい、何かあれば夜中早朝でも電話に出てもらえるようになる。そしてメールでも取材します。そういうところも浅くなっているんでしょうね。

御厨　それは仕方がない面があるかもしれませんね。昔のようにまず門口に立ってうんぬんと言っているうちに、記者もおじいちゃんになっちゃうからね。（笑）

いまは一斉に取材するというスタンスで、ある意味では民主化されているんですよ。（タブレットを指して）だってこれを見ながら取材するんだからね。だけど、それが浅いというのもおっしゃるとおり。

あの読売のナベツネさんだって、鳩山（一郎）に取り入るために、秘書が鳩山の犬の散歩をしているのについていって、秘書に杖か何かで叩かれたとか言ってたもの。それでもついていったっていうのが、彼の自慢話なんだね。

「政府首脳」「党首脳」が二枚舌を使いにくい時代

芹川　私も、昔は門の前やホテルの玄関に立っているところから始まりました。

御厨　芹川さんもそうですか。

芹川　ぼくは昭和54年（1979年）に政治記者になって大平（正芳）総理番から始まるんですが、自民党で派閥を担当したのは59年。宏池会担当で、自民党幹事長だった田中六助番をやったんですよ。彼は日経政治部のOBなんですが、自分がいた会社の記者には、けっこう厳しい。取材態度をしっかり見ているんですよ、ちゃんと来ているかどうか。

御厨　向こうが？

芹川　はい。2、3カ月くらい見ているんですね。家の前にずっと立っているか、ホテルでしっかり待っているか。それから、懇談などもまじめに聞いているか、くだらないことを聞かないかなども、見られているんですね。それで合格かどうかを決めるわけです。そして私にも、一応丸がつきかかったところで、（田中さんが）病気で倒れてしまったんです。

御厨　糖尿病でしたからね。

芹川　自民党の幹事長番として、「さあ、これからネタももらえるかな」と思ったときに倒れられてしまったので、私も記者として一緒に倒れちゃったんですけど。

昔は記者と政治家には、そういう関係があったんですね。

御厨　だから深みも生じるわけでしょう。

芹川　やはりそこは人間関係ですから。政治家も、相手を分けるわけです。

御厨　こいつには、ここまで話すとかね。

芹川　深さが変わってくる。そこから先ほどの話に戻りますと、そうやって聞いていたネタを政治家がテレビで話すようになってしまったんです。

御厨　そうですね、テレビで話すと言葉に深みがないという問題が1つありますね。

それから、もう1つ問題があって、これは野中（広務）さんが言っていたのだけれども、テレビで先に話してしまうと「調整」ができないというんですね。

調整というのは、何がなんだかわからないことを、わからないうちにまとめるという面がある。けれども、先にテレビで話してしまうと、AかBかがはっきりしてしまう。AかBかはっきりしたものをそれから調整するなんて至難の業。できない。野中さんはそう言っていました。

誰がAと言ったのか、Bと言ったのか、それがわからないままに、おまえはBだ、おまえはCだとか、みんながワーッと騒いでいるうちに、野中流の圧力で「こうだ！」とまとめてしまう、これが調整だと言うんですね。（笑）

芹川　それはある意味、ものごとの本質をついていますね。政治というのは1つにまとめるということなんですよね。

御厨　そうです。だからテレビで先に話してしまうと、絶対にまとまらない。しかも公衆の面前で言ってしまったことを取り消すのは、けっこう難しい。あとから「言わなかった」とは言えないですから。

昔の政治家同士の会話は、この「言った、言わない」（をうやむやにすること）が通じたんですよ。「おまえはこう言った」なんて言われても、誰も聞いてないから、「自分は言ってない、それを言ったのはあいつだ」というようにして、まとめることもあったわけです。

芹川　我々新聞記者の取材で言えば、よく「政府首脳」とか「自民党首脳」といった主語の記事を書いたものです。記者会見ではなく、いわゆる懇談というやつです。政府首脳とは官房長官、自民党首脳とは幹事長のことなんです。朝駆けに行くと、この「政府首脳」たちがしゃべるわけです。メモは取りません。記憶だけですから、きちんとした記録は残りませんので、あとで否定できる。

たとえば大平内閣のとき、また田中六助さんのことで恐縮ですが、六助官房長官のところに朝回りに行ったら、たしか国鉄の話だったかな、「国鉄は民営化するんよ」と言ったんですね。だから夕刊の早い版に「政府首脳は国鉄民営化の方針を明らかにした」という原稿を入れたんです。

ところが、その後の午前11時からの記者会見で田中官房長官に、「国鉄民営化についてはどういうお考えですか、政府首脳は民営化すると言っているようですけれど」と聞いたら、「知らないな。そんなのないんよ」って言うんです。(笑)

当時は、そういうことを平気でやっていたわけですね。これは、つまり反応を見ていたわけです。まず朝に来た記者に話してみて、「これはまずい」となれば打ち消すわけです。

そういう類の話はかなりありました。メディアを使い、情報を流して反応を見ながら、着地点をさぐっていく。自民党というのは、こうしてうまくまとめていたわけです。
それが派閥もなくなって、どうやってまとめていくのか。メディアとの関係においても、やはり難しいところがあると思います。

御厨 これは難しいですよ。

お金の話なくして、政治は語れない

芹川 それともう1つ、これは本当のことがなかなかわからないんですが、お金の問題があります。政治をまとめるというときに、これは忘れてはならない要素ですね。もちろんいまはもうそんな時代じゃありませんから、どうしても昔話になりますけど、やはりこの話をしておきましょう。

権力にはお金が付随するわけで、この問題を抜きにして、政治の実際の姿は理解できませんからね。でも、しょせんメディアの側から見えた表面だけの話ですけどね。

昭和54年に大平総理番になったときに総理秘書官から聞いた話があります。

首相指名のあと彼らが総理官邸に入って執務室に行ったら、六法全書ひとつなかったというんです。大平さんは福田（赳夫）さんと喧嘩しておい落としたから、総理執務室に何も残さなかった。

田中六助さんが官房長官になったんですけど、田中さんが官房長官室へ行ったら金庫が空っぽだった。官房機密費がゼロ。それが78年12月でしたから、年度の残り3カ月分は自分が金をつくったと言うわけですね。本当かどうか確認のしようがありませんが、そう言う。

それから、田中六助幹事長番をやったときに見たのは、田中さんが国会の中の幹事長室にいるときに、後に熊本県知事になる福島譲二という党の経理局長が、紙袋を2つくらい提げてやってくるんです。その紙袋が帰りにはなくなっている。この2人、派閥が違うんです。田中六助さんは当時の鈴木（善幸）派で、福島さんは田中派。要するに金を持ってきたことを我々に見せて、幹事長室に置いていくわけですよ。

それから、田中六助さんはたとえば盆暮れなどに赤坂プリンスホテルの福田事務所に紙袋を提げていく。またそれが帰るときにはなくなっているんです。つまり金を置いてくる。それを我々に見せるんですね。そういうふうに、お金がけっこう動いていた。政治家はお金のことは絶対に言いませんけれども、お金の動きが見えるということがあったわけですね。

昭和58年12月の衆院選のころ、あるネオ・ニューリーダーがしみじみと「やっとぼくも選挙のときに金が配れるようになったよ」と言っていたのを覚えています。いくらですかと聞いたら、たしか1人30万円で20人だったかな。金を配れるかどうかで政治家の力が決まっていた時代ですよ。

派閥というのはもちろんお金ですから、ものすごく動いていたわけですよね。派閥の事務局長に金の集め方を聞いたことがあるんですが、本当に金に困ったときは、これをよろしくと企業に金額を書き込んだ領収証を置いてくるんですって。

昭和から平成に変わるころ、ある首相経験者から聞いた話ですが、派閥のメンバー1人当たり盆に300万円、暮れに500万円配って、50人で年間4億円。4億～5億円なら何とかなるけど、それ以上数が増えるとかなり無理が出ると。

それが政治改革でお金の流れが全然変わった。それまでは派閥の領袖が集めた金で運営していたのが、会費制になった。いまは月5万円とか8万円とか派閥に払っているんですよ。

かつて宏池会は自転車会館の上にあって、木曜昼の総会では下から「ざくろ」の牛丼などをとって食べていたわけです。これは宮澤さんが集めたお金で食べていたんだけれど、あと

になったら、みんな自分の金で食べている。月会費から出ているわけですから、それじゃあ誰も言うこと聞きませんよ。（笑）

お金の問題は政治の中ではものすごく大きな要素としてあって、これは表には見えないけれども、これをまったく知らないと政治の実相は見えないと思うんですね。

御厨さんがインタビューした竹下（登）さんの話にもいろいろ出ていましたよね。

御厨　最終的には削ってしまったものもあるんですが、竹下さんのインタビューでは、いまの話に近いことがいっぱいありました。それは、どうやって社会党に金を渡すかということなんですよ。

1つは国対（国会対策）というのがあって、これは上で話を決めるだけではなくて、下の蹴り合いがあって、最後は札束を渡すという話です。その話を聞くと、なぜ「自社さ政権」が成立したかがわかる。自民党でいちばん金を配る田中派と、社会党の左派がうまくかみ合ったからなんですよ。どうもビヘイビアが合ったらしい。

一方で、社会党の右派は、金は一切要らないようなことを言って、実際は2度取りにきたりというんです。左派はそれはしないというので、自民党の田中派と結んでいたという。そういう背景があって、一挙に自社さ政権ができたわけですね。

自民党の代議士に聞くと、本当に金に汚い議員がいたらしいからね。

芹川　当時の国会議員の個別具体の顔が浮かんできますよ。英国屋製の高い背広を着て、議員会館や宿舎の部屋には当時は高価だった洋酒がずらりと並んでいて、それは羽振りが良かった。

御厨　餞別をと言ってきて、本人が持っていったのに、そのあとまた秘書が来て「先生から行ってこいって言われました」って。それで「バカ者、先生にとっくに渡した」という話もあったらしいんですよ。どうも、秘書にお金を運ばせていたら、秘書がもらった金から抜いているらしい。それで先生が怒って自分で取りにきたとか、そういう変な世界。

いまでもときどき見るけれども、あるときまでは政治の世界では、金がすべてを動かすもとだった、潤滑油だったというのは、本当でしょう。

岸（信介）と石橋（湛山）が争った、自民党の最初の総裁選を日比谷公会堂でやったときのあのもみ合い状態というのは、本当に1人の政治家が1人の政治家の尻ポケットと胸ポケットに金をねじ込んでいるんですからね。キャッチバーかと思うような感じだよね（笑）。

それを男同士がやってるわけだ。

当時の代議士に、「あんな状態で、いろいろな人から、いろいろなところに金を入れられてわかるんですか」と聞いたら、「それは蛇の道は蛇だ、全部わかる」と言うわけ。それで「もらってどうするんですか」と聞いたら、「やっぱりいちばん多くくれたところに入れる。それが礼儀っていうものだろう」って言うんですね。

彼らが言うんですが、金を出すなら人より少なくてはダメだ、いちばん多くなくてはいけない。だから総量がどんどん増える。それが典型的なのは田中角栄で、お金をボーンと出すということになったわけでしょう。

芹川　幹事長番をやっていて国会の中にいると、同じ派閥の幹部が来るんですね。ドアが開いていて中をのぞいていると、幹事長から封筒をもらって両方の背広の内ポケットに一所懸命押し込んでいるわけです。出てくるときはパンパンにふくれてるんです（笑）。そういう世界がいっぱいあったわけですね。

「パイプが通じた」の本当の意味

芹川　田中派と社会党の話が出ましたが、たとえば自民の金丸さんと社会党の幹部、あるいは自民の田中六助さんと他の党だったですかね。よく「パイプがある」という言い方をしたんですが、パイプがあるというのは情報だけでなくいろんなものが行きかう信頼関係があるということですね。

国会が大騒ぎになって、野党が態度硬化って記事が出る。するとなぜか、次の日に国会が動くことがあるんです。

御厨　パイプが通じたんだね。（笑）

芹川　これはもうお金としか説明がつかないですね。

御厨　だって裏切ったら大変だもの。そういう世界でしょう。

芹川　さっきもちょっと出た支出をオープンにする必要のない官房機密費の問題もなかなか微妙ですね。いま、月に1億円ずつで年間12億円ですね。

なぜ後藤田（正晴）さんが宮澤（喜一）さんを高く評価したかというと、官房機密費がらみだという話を聞いたことがあります。1982年の11月に、鈴木（善幸）内閣から中曽根（康弘）内閣になって、官房長官が宮澤さんから後藤田さんに引き継がれたとき、1カ月分ずつ月割りで、きちんと官房機密費を残していたそうなんです。官房長官室の金庫にそのお金が入っていたと言うんですね。お互い宮澤さんの吏道と、後藤田さんの吏道と通じるものがあったからなんですね。

御厨　それは官吏の吏道ですね。

芹川　自民党の麻生さんから民主党の鳩山さんへの政権交代の2009年9月には、当時の麻生内閣の河村（建夫）官房長官名で官房機密費を2億5000万円も引き出しているんですよね。

現在の話ですが、自民党の幹部級の議員に年間どれくらい金がかかるかを聞いたら、4000万円から5000万円はかかると言うんです。国費で（政策秘書、公設第一、第二秘書）の3人は雇えるけれども、私費で5人は秘書を抱えて地元を回らせなければいけない。秘書1人の人件費が500万〜600万円として、5人だと3000万円ぐらいですよね。これに車をつけたりすると、4、5000万円はかかってしまいますね。昔ユートピア議連（政治研究会）というのがあって、鳩山由紀夫さんらが年間1億円かかると言っていて、それがいまは減っているけれども、やはり4、5000万円はかかる。

御厨　やっぱり人件費。だからみんな会社にもたせたわけだよね。

芹川　秘書の人件費を見るとか、車を出すとかありました。政治改革の前の話ですが、秘書の人が苦笑していたけど、保険証を見て子どもが「パパ、いつからこの会社に替わったの」と聞かれたとかね（笑）。いまはそんなことはできないから、党から政党助成金で、自民党なら1000万円くらい出ますけれども、でもやっぱり3000万円くらいは自分で集めなければいけない。つまり、政治はきれいごとだけ言っていてはいけないのであって、それだけお金がかかるから、それをどう見るのかというのもあると思いますね。

御厨　金なしではやれない。ただし、いまはだいぶ下火になったけれども、東京都議会の生活者ネットワークの人たちは本当に金を使わないんですよ。だって普通の主婦が順番にやるんだから。

しかも彼女たちにインタビューしたときに、これはまったく政治とは違うと思ったけれど、とにかく朝も10時までは電話も何も受けない。10時になって事務所に行って私の政治は始まると言うんですね。つまり個人的陳情は一切受けない。

それで議会へ行って今日の問題を解決して、5時には必ず帰宅する。なぜならば夫が帰ってくるから、いろいろ支度しなくてはいけないから。それで回っているわけ。

そのころ自民党の議員に聞くと、夜飯を3回も食べている。でも生活者ネットの人たちには、そういうところへの声はかからないし、自らもそういうところへは絶対に行かない。それでけっこうがんばっていた時期があった。こういう違う政治の姿もあるにはあるけど、それはなかなか一般化しません。

芹川　残念ながら、そうですね。でもいまは政治家の皆さん、本当にお金がなさそうですね。25年以上前になりますが、ぼくらが一線で取材していた昭和のころは、けっこう政治家がご馳走してくれた。食事をしながらお酒を飲みながら、話を聞くんですね。ところが最近は会費制かな。取材したいから、一緒に飯を食いましょうと言ってもなかなか乗ってこないんですね。ところが、こちらで持ちますから、と言うと、ああやりましょうとなる。（笑）

御厨　いや現金だね。たしかにそれは新聞記者に使う金はないだろう。

芹川　記者クラブとの関係も良くも悪くも親密でした。首相官邸クラブにいると、総理大臣が外遊すると、クラブ員一人ひとりにお土産がくるんです。竹下さんのときの木彫りのライオン、海部（俊樹）さんのときのチェリービーンズは覚えています。いまはもちろんそんなことはありません。あくまで四半世紀前の話です。

昭和58年かな、民社党を担当していたとき、料理屋みたいなところで、懇親会をやるんです。各社の野党担当者と民社党の国会議員が大広間にずらりと並ぶ。経費はクラブ側の分は積み立てている会費から出します。

新聞記者は入口で番号札をもらっていて、宴たけなわのころに、福引き大会が始まる。民社党の宴会幹事が箱の中から番号札を引いて、何等賞、何番、○○先生提供のワイシャツのお仕立券、なんてやるんです。党の役職で何等賞というのは決まっていて1等賞は委員長、2等賞は書記長、3等賞は国会対策委員長。3等賞の永末（英一）国対委員長提供の商品が当たった記者が頭を抱えていたんですが、永末さんは京都の出身で、提供商品は呉服の反物、白地で染めてないんですね。これどうするんだ、染め賃はどうしてくれるんだ、かえって高くつくぞってね。

特別賞もあるんですよ。春日（一幸）常任顧問の提供の春日ギターです。たしか2台でした。春日さんのところはギター屋さんですから。ありがたく頂戴して、春日ギターをしょって帰るわけですよ。

御厨　どうやって持って帰るの？

芹川　夜回りの車に積んでいくわけですよ。ギターを抱いた渡り鳥ですよ。（笑）

話を戻すと、権力をめぐる政治には表と裏と奥がある。だとすると、奥の世界をやっぱり少しは知っておかなければいけないと思うんですよね。あまりきれいごとだけで言われてしまうと、「何言ってるの」っていうところがありますね。

政治学は人間と歴史から学ぶもの

芹川　下世話な話ばかりしましたので、最後にちょっと改まって政治学の話を聞きたいと思います。

私は政治学についてすごく疑問に思っているところがあるんです。御厨さんは少し違うと思いますが、最近の政治学は数式をお使いになる。それはそれでけっこうなことだとは思うんです。投票行動などについては、それでわかるところもありますから。

ただ私が数学ができないから言うわけではないのですが、そういう難しい数式を使わなければ、実証政治学にはならないものなんでしょうか。

御厨　ぼくはそんなことはないと思う。それは流行ですよ。そういう数理学派のような人がいると、その場だけでの議論になってしまう。だから、ものすごく小さな差異をめぐっての争いになります。

その争いは、政治学会の中でも、そういう（数式などの）ツールを使っている人々――いまは日本でも本当にわかるのは20人くらいかな――の中だけでの争いになってしまうわけです。

これは近代経済学が陥ったわなと同じだと思います。近代経済学は難しい数学を使うのだけれども、その論文を読める人が限られます。そういう限られた人の中の議論というのは広がりがないんですね。

難しい数学を使って出てくる結論は、我々が普通に（数学に頼らずに）考えて出してくる結論と大して変わりません。いろいろ違うと言われるけれども、ぼくから見ると違わない。だから数式を使った議論というのは学派の中での争いであって、無用であるとまでは言わないけれど、意味がないと思う。あれっ、言っちゃったね、意味がないって（笑）。

つまり、数理学派の人たちは、学会というある種の安定した場所の中で話したいという、いまの若い研究者の安定志向を表しているのだと思います。「そういうのをやめてみろ、数式なんて使わなくても言葉でやれるじゃないか」と言うんだけど、やっぱりみんな心配で不安だから数式を使っているというだけの話だと思います。

いまも昔も政治学って最終的には人だと思う。やっぱり人なんですよ。だけど、みんなはある時期から、そのほうが格好よく見えるから、「制度」だとか「組織論」だとかいろいろ言うようになった。でも、そんなことはない。政治は最終的には人なんです。どんな制度ができたって動かすのは人です。人がダメであれば、民主党政権のようにつぶれてしまうわけですから。

けれども、みんなは「制度」について、海外と比較してみたらどうこうとか、そういう議論が好きなんですよ。だからいまの政治学にはリアリティがない。

ぼくはこよなく人というものを愛しますから、政界人物評論などをやるんだけれども、そういうことをやっていかないと、いまの政治学はダメだと思います。それから歴史も大事だと思うから、政治史というのはもっとがんばらなくてはいけない。やはり歴史によって見えてくるパースペクティブというのは広くて深いんですよ。

芹川　政治というのはしょせん人間の権力闘争なわけですよね。その権力闘争には、もちろん政策などいろいろな要素がありますけれども、いちばんの根っこには人間の感情と欲望があると思います。

権力というのは、他人を自分の支配下に置きたいという人間の本能で、そこに感情がないまぜになって動くわけですよね。

政治記者をずっとやってきて得た結論というのは、政治は、感情と欲望のないまぜになった世界の中で、繰り広げている権力闘争だということなんです。

御厨　アベノミクスにしても、結局は制度の問題などではなくて、これを動かしている安倍さんという人間がいるということであって、安倍さんが経済のことをわかっていようがいまいが関係なく、あの人がやっていることを信用するかどうかでしょう。

芹川　信なくば立たずという話ですね。

御厨　政治というのは、「フーシェがどうした……」といった世界です。だから、ぼくにとっては政治学とは1つは人間学であって、むしろ小説などで描かれる人間像のようなもののほうがずいぶん参考になるんですよ。でも、そういうのはみんな格好よくないと思うんだね。

芹川　学問のにおいがしないということなんでしょうか。

御厨　そう思うんでしょう。でも、ぼくはそれこそが学問だと思うからやっているわけです。「御厨さんは、常に人間だね」って言われるから、「そうだよ」って答えるんだけれども、「常に人間だね」って言うときは、半分バカにしているわけ。むしろ、彼らのほうが何もわかってない。

でも、ぼくと研究会などでいろいろ一緒にやっている連中は、「やはり政治学は人間だ、歴史も大事だ」というほうに傾いてくるもの。

芹川　私のように、学生時代に少し政治学をやって、政治記者をずっとやってきた人間からすると、政治学についてそういうふうに言ってもらえると、ストンと落ちますね。

最後に、政治学は学問として有効かと聞きたいのですが。

御厨　ぼくは有効だと思う。けれども、政治学として独立したことを言おうと思うと間違える。政治学の世界というのは、政治をウォッチしている新聞記者、ジャーナリストなど現場の人たちと、どこかで共通しているところがあるんです。

我々が現場の人たちと多少違うのは、やっぱり人といっても、単にいまの人だけではなくて、それこそ原敬といったような昔の政治家とか、あるいは海外の政治家についても多少知識があるということですね。

だから本当は、政治学者と政治ジャーナリストは、共同作業ができないとおかしい。そういうふうにぼくは思っています。

第五章

理想論

政治がすべきこと、できないこと

政治家をして政治家たらしめる初心

芹川　本書の最後に、これからの政治はどうあるべきか、長期的な展望を聞きたいと思います。

御厨　そもそも、どうして政治家が政治家として成り立つのか、そこから始めたいと思います。政治家というものは、もちろんぼくら研究者とも、官僚とも、企業の経営陣とも違う。では、どこが違うのかなといつも考えるわけです。

それはおそらく、官僚や企業人をはじめとした、政治家以外の人たちには、それぞれの業界における倫理やマニュアルとも言える「文法」が一通りあって、その文法を理解していないと、その業界では最低限やっていけないという面があります。

ところが政治家には、どうも政界という業界固有の倫理観も、マニュアルもない。そういうものをつくろうとしてがんばったこともありました。たとえば松下政経塾。ところが松下政経塾で育った人間が政治家の理想像になっているかというと、むしろ逆で、すごくくさみがあるというか、「やっぱり松下政経塾は……」などと言われてしまうことがあります。

そうすると、政治家の拠って立つ基盤は何なのかが大問題になってきます。

昔の政治家は——特に戦後に限っておきますが——戦後の民主主義のもとで、はじめて男女ともに選挙権、被選挙権を持つ普通選挙が実施されるようになって、政治家になるための条件がものすごく下がることによって生まれました。つまり政治家になろうという人は、誰もがなれるようになったわけです。

いちばんいい例は田中角栄です。角栄は戦前だったら絶対に政治の世界には出てこられない。馬喰の子というだけで、「おまえは政治なんか関係ない」なんて言われて、おそらく投票してもらえません。しかし戦後は出られるようになった。ですから彼にとっての民主主義の原点は、「おれが選挙に出られたこと」でしょう。これはおそらくこの国の政治が戦後復活してくるときの基盤にあります。

内務省の官僚だった中曽根（康弘）さんのような人であっても、その後自治省の官僚になっていれば、それなりの出世を遂げたはずなのに、「やはりこれからの世の中は政治だ」と思って、群馬の田舎から選挙に出てくる。このときの精神だって、おそらく角栄のものと基本的には同じです。

このように政治が、ものすごく開かれていた時期があった。だから戦後の選挙では、女性代議士が空前の勢いで誕生しているわけです。あのときの政治家の「初心」というのは、「政治は自分たちでつくれる。難しいことを知らなくたって、自分のいままでの経験を生かしながら勉強していけば、やれる」というものだったと思うんです。そしてそこから、いろいろな政党ができて、それぞれが重なって次から次へと伸びていくわけです。

ただし、そのときのまっさらな気持ちがだんだん失われていって、「政治というのは特殊な業界で、政治家になるための方法には、A、B、Cとあって、そのどれを選ぶかで、政治家としての先まで決まる」となっていったのが、自民党政治の時代だと思うんですよ。

とりわけこういう道筋をきちんとつけたのが竹下登という政治家であったと思います。竹下さん自身は島根から青年団運動などをやりながら政界に出てきた。その初志は昔の政治家と同じなんだろうと思います。けれども政治が組織化され、制度化され、マニュアル化されていくうちに、政治の世界では「初心」が見えなくなってしまいました。

では、これからの政治を考えるときに、何が大切か。ぼくは政治は人で見ると言いましたが、みんなに角栄になれとは言わない。けれども、この国というものがかなりダメになったという状況を目にしたときに、まっさらな状態で「政治に何ができるんだろうか」ということを考えてほしいわけです。

ですから、最初に自民党ありき、民主党ありきという発想ではなくて、「自分は何をしたいのか」というところから考える。ものすごく幼稚な議論だと言われれば、それきりだけれども、そういう初心を持たない限り、ぼくは政治の世界は今後も良くならないと思います。

企業人の世界、官僚の世界というのは、「初心に戻って……」なんて言わなくたって、ある程度はしっかりやれる枠組みができています。だから、その世界に入れば、枠組みの中で自由にできる。

でも政治家はその世界に最初に入るときに、どういう初心を持つか、これがものすごく大事です。「初心忘るべからず」と言うけれども、いまの政治家には初心がないんですよ。だからまずその初心をきちんとつくるところからスタートしなくてはいけない。

政党が、各地域でいろいろ人を呼んで（候補者候補などを）見るというんだったら、その人のバックグラウンドなどではなくて、熱意を見ていかないと、これからの政治はうまくいかないと思います。

そういう政治家が出てきてはじめて、その後に制度論や組織論が必要となるわけです。むしろ、いまある制度論や組織論を壊さなくてはいけません。

芹川　私は制度論と組織論の話をしようと思っていたんですけれど、話しにくくて仕方がないです。

御厨　いえいえ、どうぞ。（笑）

日本の政治が向き合うべき難題

芹川　制度論で言いますと、先に話に出たように、野党時代の自民党は何の改革もしなかった。ですから自民党のガバナンス改革というか、新たなガバナンスをどう打ち立てるかがまず1つ目に大事なことだと思うんです。

それから最初のころの話とかぶってきますけれども、派閥が壊れたわけですから、人材をどう養成してリーダーをつくっていくのか。

また意思決定については、昔のようなボトムアップでないとしたら、どういうやり方があるのか。トップダウンではなくて、ミドルアップ、ミドルダウンのような新しいかたちを考えなければいけないのではないかと思うんですよ。
　それとやはり理念、ものの考え方ですよね。田中・竹下的な、みんな等しく豊かになりましょうという政治ではなくて……。
御厨　それはもう終わったからね。
芹川　そうすると再分配型なのか、あるいは市場重視型なのかという論点もあると思うのですが、そういう理念をどうしていくのか。トータルに言うと、負担の分配ですね。
御厨　これからは不利益分配ですからね。
芹川　そこをどうするのか。自民党自体のガバナンスというか、それは国家かもしれませんけどね。組織ではなくて、運用としてどうつくっていくかが1つです。
　それから制度としては、やはり選挙制度の問題があると思うんですね。1票の格差の問題については、最高裁の違憲状態が衆院、参院ともに出ているわけでしょう。これをどうするのか。人口比にしなければいけないのでしょうが、そもそも衆院と参院の選挙が同じ制度なのもおかしいんですよね。
御厨　衆議院と参議院を同じ制度で選挙するのは変でしょう。

芹川　衆議院は比例代表制で、参議院は都道府県代表といったように分けるというやり方もあると思うんです。

あとはやはり選挙制度で言うと、高齢者が多い世の中で負担を分配するにあたって、ドメイン投票法というものがありますね。政治学者には否定されてしまうのですが。

赤ちゃんとかお子さんにも投票権を与えて、親が代わりに投票するというもので、親が1・5票持つとか、2票持つといった制度です。少子高齢化が進んで、団塊世代が多いわけですから、どうしても我々年寄りに有利なというか、高齢者に手厚くなりがちなシルバー民主主義をどう変えるかという制度論だと思います。こういう選挙制度の問題などがあります。

それから、地方の問題があると思うんです。戦後日本は地方から東京へゲルマン民族の大移動みたいなことをやったわけで、少子化で地方が崩壊しようとしている中で「ふるさと納税」をしている人には「ふるさと投票制度」で地方で投票できるような仕組みをつくれと書いたら、東京出身の人からは評判が良くなかったですね。地方をどうするか、それは選挙制度とも絡んでくると思うんですけれども、これもまじめに考えなければいけない。

さらにグローバルな話があります。アジア、とりわけ中国の影響力がどんどん大きくなっていく中で、日本はどうやって生きていくかという問題があると思うんです。

いまは国民の意識が、ヘイトスピーチとか、すごく内向きになっています。よそもの嫌いをギリシャ語ではゼノフォビアと言うらしいですね。ヨーロッパでもグローバル化によって、むしろナショナリズム的なものが強まってきて、移民を排斥するという問題があります。そういうグローバル化にどのように対応していくのか、この問題が非常に大きくなってきたと思うんです。

その上でいま大事なことは、日本の国力ですよね。領土や歴史認識問題も、日本の国の力が弱いから攻め込まれているわけでしょう。ここで国の力をもう一度、どうやって高めていくのか。

アベノミクスというのは、そのための1つの手立てだと思うし、（国会も）ねじれを解消したということは、政治力も増すわけですから、それはそれで1つの方向だと思います。ではトータルで見て、政治はどう国力を回復していくのか。そういう意識を含めてやっていかなければいけないと思います。

真のナショナリズムとは、「内への視点」を持つこと

芹川　このようにさまざまな論点があるわけですが、御厨さんに聞きたいのは特にナショナリズムの問題です。たとえば戦前も「対外硬《たいがいこう》」というナショナリズムの運動がありましたよね。あれは近衛篤麿でしたか、細川（護熙）さんのひいお祖父さん。明治のころに出てきたわけですよね。

御厨　明治末期のころ、日露戦争が始まる前です。

芹川　日清戦争、日露戦争のころに対外硬が出るわけでしょう。

そして、いままたそういう対外硬的な、ナショナリズム的な動きが出てきているのではないか。これをどうコントロールするか、政治にとって非常に大きな問題ではないかと思うのですが。

御厨　これは大きな問題でしょうね。戦前は帝国主義だから、対外硬には領土を取れる、お金を取れるという意味がありました。つまり戦争になるから。けれども、いま出てきているような戦後の対外硬は、領土もお金も取るわけにいかない。すると捌け口が見つからないわ

けです。

　では、ナショナリズムの捌け口をどこに求めるのか。その意味では、よその国はすでに日本に捌け口を向けてきているわけですね。それをまともに受け止めたら日本も大変ですから、これをスルーして、こちらのナショナリズムがあまり大きくならないようにするのは、極度に難しいことだと思いますよ。

　やはり膨張の思想というか、対外硬のような考え方を切り換えるには、捌け口を外に求めるのではなくて、この国に目を向けさせなければいけないんですよ。

芹川　内にということですか。

御厨　対外硬を解消するには、「国の内側」に目を向けるようにする。我々が持っている里山などをどうするのか、これだけ森林がたくさんある日本の国の中で食べていくには、どうするのかといったような話をするわけです。

　本当の意味のナショナリズムというのは、外に対して日本は立派な国だ、偉い国だと言うことではなく――いまの総理は若干そう言いたがっているところがあるけれども――そんなことを言わなくても、この国には、いろいろまだやる価値がある、ということだろうと思います。

ただし、これからの地方というのは、京極（純一、東京大学名誉教授）さん流の均霑《きんてん》主義（願望）のように、全部が等しく良くなるというわけにいきません。選択と集中になる。そうすると、選ぶということが必要になってくる。

たとえば、自分たちの地域は人口も減っているし、発展もしないだろうから村を捨てるという選択もあると同時に、自分たちの地域は人も呼んで、もういっぺん再興を図るという選択をするところもあるでしょう。

そこでもう1つ考えられるのは、中央官庁の役人をどんどん地方に下放することです。安全保障や外交、警察機能の一部は中央で管轄する必要があるけれども、それ以外は中央で政策を立てるより、地方に任せたほうがいいですから。だから多くの優秀な中央官僚に、「地方に行ってこい。自分の田舎でもいいし、気に入っているところでもいい」というふうに選ばせる。

彼らが地方で実力を発揮すれば、現場も喜びます。10年間、中央官庁で働いた優秀な官僚を地方に下放したら、ものすごく効率的になります。そのまま地方にいついてもいいし、そこでがんばったあとは地方議員になるのも、地方を代表して国会議員になるのもいいでしょう。

官僚だって、そういう変化のある道筋をつければ、いまよりよほど生きがいがあるのではないでしょうか。出世の見込みがないから辞めて政治家にでもなろうかなという、「デモシカ政治家」にはならない。いま官僚を途中で辞めて選挙に出る人は、デモシカが多いと思いますよ。

芹川 事務次官になれないと思うから、選挙に出るわけですからね。

御厨 それではダメですよ。「事務次官になれないから」ならまだいい。「課長になれそうもないから」なんて人が、政治家になって元の官庁で威張ったりしてね。それはあまり生産的ではない。いずれにせよこの国の中でどういう対流を起こせるかですね。

それからもう1つは、この国が本当の意味でグローバル化するためには、移民問題というのがあるんですよ。一時期は、労働力になると思うから、財界が移民について叫んでいたけれど、最近はみんな言わなくなった。

だけど、この国の人口が減っている中で、なおかつ国力を伸ばしていくというのであれば、移民の問題には一度はぶつからなくてはいけない。この国が絶対やれなかったのは移民ですから。

これからの移民というのは、（もとから住んでいる日本人と移民とで）どちらが上か下かという話をしていると、民族紛争になりますから、「新しい移民」というものをつくった新日本でどう生活していくのか、というモデルを描くしかありません。フィリピン人を雇ってメイドさんをやってもらうという話だけではダメなんですよ。

芹川　その人を日本人にしなくてはいけないんですね。

御厨　だから移民に日本化してもらうということ。いまのままで移民を入れていくと、どんどん中国人に入り込まれて、あっという間に日本人は支配されてしまいますよ。

芹川　そうでしょうね、難しいですね。

御厨　このままでは、右肩下がりで国力が落ちていくという時代には、世界に目を向けた政策と国内を対流する政策、両方をきちんとやらなければいけない。それを主導するのは間違いなく政治です。

「政治に頼りすぎるな」と宣言できる政治

芹川　私がいちばん心配しているのは、言われたように、ナショナリズムを外に向けるのではなく、日本の国内に向けようという場合、どういうテーマ設定がなされるかですよね。

御厨　たとえば、エコであってもいいわけです。そういうふうに設定して、「実は、この国はまだそれほど開発されていない」という議論に向けてもいい。いまの日本人って――昔からそういうところがあるけれども――あまりこの国を愛していないんですよね。だから外へ行きたがる。もういっぺん目を日本という国に向けてみようという話は必要だと思いますよ。それが明治以来の課題なんです。とにかく外にばかり行こうとして、内側をきちんとすることを本当にやってこなかった。これは日本の近代の最大の欠陥です。

芹川　やってこなかったですよね。たとえば小日本主義などと言っても、それは外に出る範囲を小さくするということでしたからね。

御厨　内なるフロンティアを開拓しようという話はスローガンとしてはあっても、実際にはやったことがない。

芹川　地方分権とか、地方主権なんて言われても何も進まないというのは、そういうことですね。

御厨　同時にみんな平等にやろうとする。みんなが平等の地方分権なんてあり得ないんだから。そもそも地方分権というのは、それぞれにぴったり合った分権の仕方を自分たちで探してきて主張するしかない。

だから橋下徹市長が大阪で主張したことはめちゃくちゃだとは思うけれども、大阪が大阪たろうとするために都になりたいというのは、1つの発想ではあるわけですね。そういうような発想をしなくてはダメなんですよ。発展しなくてもいいという地域、これだけあれば幸せだと思えたらそのままでもいいんですね。

芹川　横並びの意識のままでは、これから難しいですからね。

それから、ぼくがもう1つ思うのは、政治に頼らないということを考えなければいけない。みんなどこかで政治に頼っているわけでしょう。

御厨　それはそう。政治に頼れば何とかなると思っている。

芹川　政治に頼らない政治というか、頼ってはダメだということを、福澤（諭吉）ではありませんが、みんなそういうことを言っているんですよね。

御厨 そうなんです。政治に頼りすぎるなということです。だって、もう本当に頼れないですよ。それほどたくさん政治は抱え込めませんから。政治のほうがどこかで、「これからはこれしかできません」と宣言するときがくる。それを安倍さんがやれるかどうかという問題です。

芹川 自民党という政党が、そういうことができるかどうかですね。あまり開けた結論にはならないですね。

御厨 それは仕方がない。最後はあきらめるわけ。

芹川 政治は、そういうことを覚悟してやっていかなくてはいけない。そういうことですかね。

御厨 だってどう考えたって楽しい結論は出ませんよ。

あとがき

芹川洋一

だれでも人生をふりかえった時、今の自分を決定づけた人がいるものだ。友人であったり、先輩であったり、恩師であったり……人それぞれだろう。私の場合、その1人が御厨貴である。

出会いは「まえがき」に出てくる通り、1973年、三谷太一郎先生のゼミだった。まず日本政治学会の年報をみんなで読み、次いで各人がそれぞれにテーマを選び、報告した。

そこでの御厨の永井柳太郎のリポートが秀逸だった。雄弁家で民政党の幹事長をつとめ、逓信相などを歴任した政治家だった永井をどんなふうに料理したかまでは思い出せないが、あの三谷先生が激賞されたことだけは覚えている。

すごい人がいるもんだ、こういう人が学問の世界に入っていくのだろうな、と思ったものだ。その後、卒業と同時に三谷先生の助手に採用されたと聞いて、いたく納得した。

これに対し、わが方は、ゼミの報告もうまくいかず、この先をどうしたものかと思い悩み、大学に新聞研究所があるのを知ってそこにもぐり込み、ジャーナリストの道を探ってみることにした。彼を知らなかったら、違った人生を歩んでいたかもしれない。

そうして入った新聞研で出会ったのが、新聞研1期生で「新聞論」の講師できていた読売新聞の渡辺恒雄解説部長（当時）だった。その講義は、とても文字にできないような政治の舞台裏の話が相次ぎ、驚きの連続だった。政治記者への道筋をつけてくれたもう1人の人がここにいる。

1976年、日本経済新聞に入社して静岡支局に配属になり、3年後に政治部へ異動、大平首相番から政治記者の人生がはじまった。それから26年間、政治取材の前線にいて、その後、後衛の位置から日本政治を見てきた。早いもので今年で35年になる。

民主党政権の終わりがはっきりしてきたころ、日本経済研究センターの大阪支所から、御厨教授をゲストに招きたいので聞き手をやってくれないかという話が来た。政治の姿がどうにも見えにくくなっている中、ぜひとも彼の見立てを知りたいと思った。

日程調整の結果、第2次安倍晋三内閣発足後の2013年2月に実現した。同じテーブルにつくのは40年ぶりだった。そこから時折、会おうという話になり、『時事放談』担当の石塚博久TBSプロデューサーも共に雑談の機会を持つようになった。石塚くんはその昔、日経政治部で一緒だったこともあり、彼が間を取り持ってくれた。

放談会では話が弾み、日本政治の語り下ろしの話になったわけだが、この本の対談の場には石塚くんに加え、番組と同じように岡村仁美アナウンサーにも座ってもらい、時事放談の場外戦を繰りひろげた。もし、かけ合いの雰囲気がうまく出ているとすれば、それは岡村さんのおかげだ。

対談をしながら御厨の話のどこに、ひざを打ったのかをふりかえると、まず現在と過去を見事なまでにつないで政治の実相や政治家のありようを浮かびあがらせたことだ。

それが政治史という学問の蓄積の結果だとしても、こちらが放りこむどんな球もきれいに打ち返してくれるのに、正直びっくりした。当意即妙の答えのさえも、学生時代から変わらず、脱帽だった。

もうひとつの切れ味のするどさは、御厨が生の政治を知っていることによるものだ。今や死語になっているようだが、象牙の塔に閉じこもっているのではなく、オーラルヒストリーで政治家の話を聞き、時事放談の司会をして、政治家の肉声や生身の政治をジャーナリスト以上に熟知しているからに他ならない。

さらに付け加えたいのは、オーラルヒストリーの意味合いが実際対談をやってみて、肌身にしみて分かったという点だ。書くことはなかなかむずかしいが、話をするのであれば割合かんたんに残せる事実があるということだ。

政治家の立ち居振る舞いや片言隻句といったありふれた断片の中に、実は政治の実相がひそんでいることがあるものだが、それを文章にしてひとつの型にはめるのはけっこうむずかしい。話す中でそれが可能だということを今回実感した。

大学を卒業してそれぞれの道を歩み、40年たって、対談という形で1冊の本を出版できることを本当にありがたいと思う。政治学者と政治記者による共同作業を通じて、日本政治の現実がけっこう見えてきたのではないかとひそかに自負している。

これをもって40年遅れのゼミの再提出リポートに代えたいと三谷先生に申し出たら、御厨が覚えているゼミの打ちあげコンパの夜のような表情をまたされるだろうか。

日経プレミアシリーズの前著（『政治をみる眼　24の経験則』）につづいて担当してもらい、無理難題を聞いてくれた野澤靖宏編集長には、重ねてお礼を述べたい。

日経政治部でともに戦った仲間だった石塚くんと、また一緒に作業ができたことがとてもうれしかったことも付記しておきたい。

御厨 貴　みくりや・たかし

1951年東京都生まれ。東京大学法学部卒業。都立大学教授、政策研究大学院大学教授、東大先端科学技術研究センター教授を経て、東京大学名誉教授、放送大学教授、青山学院大学特別招聘教授。TBS「時事放談」キャスター、毎日新聞「政界人物評論」連載。近著に『知の格闘』（ちくま新書）、『権力の館を歩く』（ちくま文庫）など著書多数。

芹川洋一　せりかわ・よういち

1950年熊本県生まれ。東京大学法学部卒業、同新聞研究所修了。76年日本経済新聞入社。79年から政治部に所属し、次長、編集委員、政治部長。大阪本社編集局長などを経て2011年から論説委員長。著書は『憲法改革　21世紀日本の見取図』（日本経済新聞社）、『メディアと政治』（共著・有斐閣）、『政治をみる眼　24の経験則』（日経プレミアシリーズ）など。

日経プレミアシリーズ 243

日本《にほん》政治《せいじ》　ひざ打《う》ち問答《もんどう》

二〇一四年四月八日　一刷

著者　御厨 貴　芹川洋一

発行者　斎藤修一

発行所　日本経済新聞出版社
http://www.nikkeibook.com/
東京都千代田区大手町一―三―七　〒一〇〇―八〇六六
電話（〇三）三二七〇―〇二五一（代）

装幀　ベターデイズ

印刷・製本　凸版印刷株式会社

ISBN 978-4-532-26243-3　Printed in Japan

日経プレミアシリーズ021

政治をみる眼　24の経験則

芹川洋一

人間をみれば、政治がみえる。政治をみれば、人間がみえる――。長年の取材経験と理論研究をベースに、日本政治のゆくえを読み解く24の経験則。一読するだけで、別世界の住人のように思われた政治家が、身近な存在にみえてきて、ニュースが断然おもしろくなる。

日経プレミアシリーズ136

辞める首相　辞めない首相

塩田　潮

国の最高権力者がその座を離れるとき、政治家としての本質が最もよく表れる。田中角栄元首相以降、二〇人の男たちの退陣ドラマから、首相の資質、権力の本質を問うとともに、史上稀に見る「辞めない首相」の最新動向も盛り込み、日本の政治の行方を探る。

日経プレミアシリーズ184

中国台頭の終焉

津上俊哉

中国が「今後も7％以上の成長を続け、GDPで米国を追い抜き、世界ナンバーワンの大国になる」という見方は楽観に過ぎる。いまのままでは遠からず成長が失速し、深刻な停滞を迎えることになる。中国の経済・ビジネス事情に通暁した著者が説き明かす経済大国の真実。